いのちのしずく

"コタンの赤ひげ"
高橋房次物語

川嶋康男 著

農文協

高橋房次《たかはしふさじ》（1882～1960 年）（撮影／掛川源一郎）

もくじ

＊地名のあとの①～⑤は房次が医師として勤務または開業した順番を示す。

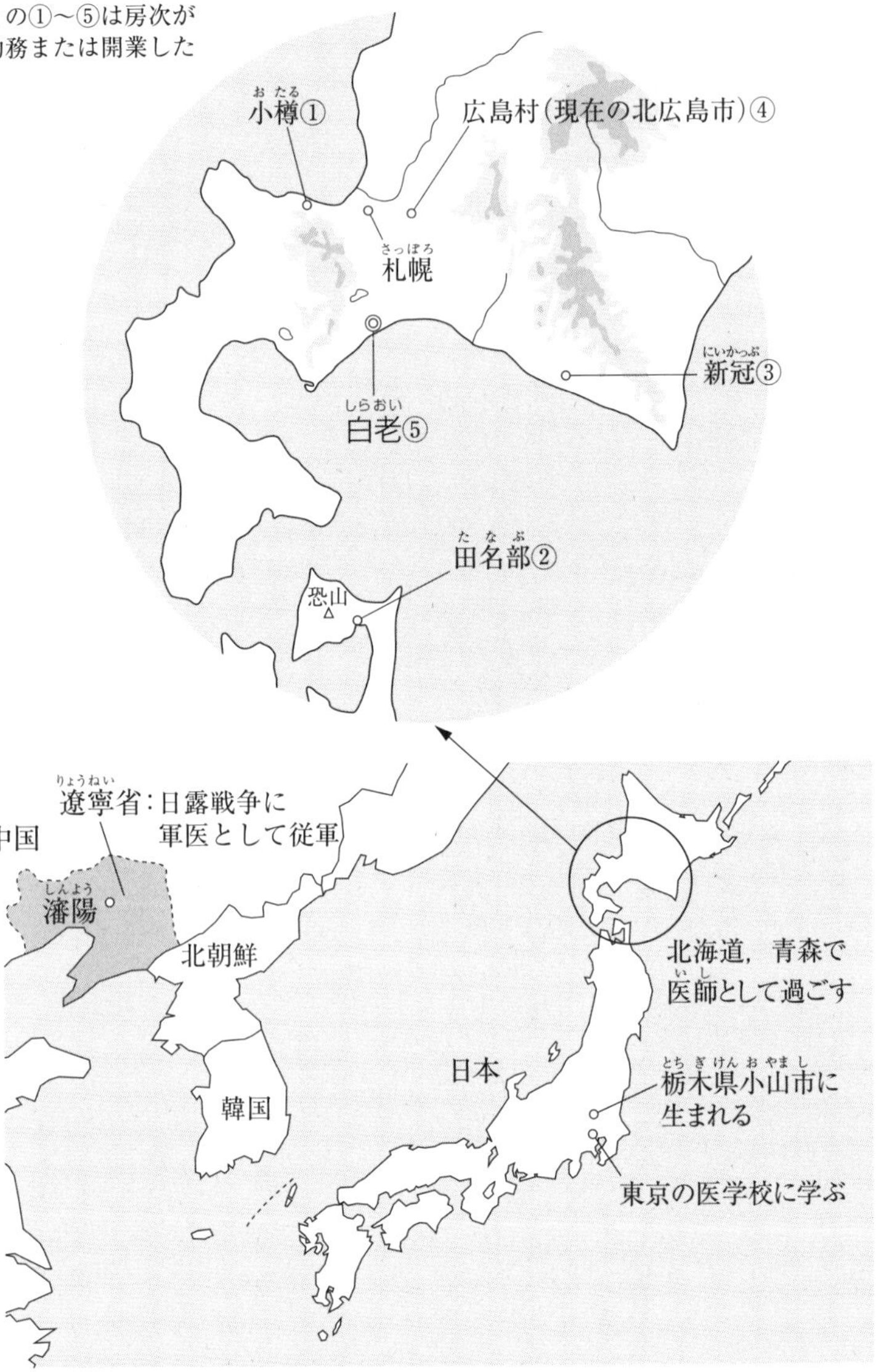

高橋房次の足跡《そくせき》

はじめに――その名を高橋房次《たかはしふさじ》という

いまからちょうど半世紀前の昭和三十五（一九六〇）年六月二十九日、北海道白老町《しらおいちょう》の全町民は、心から高橋房次医師《いし》の死を悼《いた》んだ。

高橋房次は質素《しっそ》な家庭生活を楽しみながら、無償《むしょう》の愛を心に秘《ひ》めて、「病気を診《み》ずして病人を診よ」という「町医者」のあるべき姿《すがた》を終生貫《つらぬ》き、その姿を人々の脳裏《のうり》に焼きつけていたのである。

高橋房次、明治十五（一八八二）年、現在《げんざい》の栃木県小山市《とちぎけんおやまし》に生まれる。大正十一（一九二二）年、三十九歳《さい》の若《わか》さで家族をともない、白老村の庁立《ちょうりつ》白老病院の院長に迎《むか》えられる。白老アイヌコタン（アイヌの集落）の中に設《もう》けられた白老病院を拠点《きょてん》に、アイヌの人たちはもとより、富《と》める人も貧《まず》しい人も分《わ》け隔《へだ》てなく病にかかった人たちと向き合い、昼夜の別なく、遠い山あいの村であっても精力的《せいりょくてき》に往診《おうしん》に歩いた。

「だれがなにをいおうと、わしはわしの生き方で診るだけ。いままでも、そしてこれからも休むことはない。病む人を診るのがわしの仕事だから」と、大正・昭和の戦前、そして戦後も白老から離《はな》れることなく、「町医者」に徹《てっ》した高橋房次――。

いま、町や村に医者がいなくなり、身近で医者にかかれないという医療過疎《いりょうかそ》が全国に広がっている。地域《ちいき》に根ざして「町医者」の姿勢《しせい》を貫いた高橋房次は、およそ一世紀前、すでに地域医療の最前線に立っていた。頼《たの》もしい町医者であり、おらが町の先生であった。

病む人たちに寄《よ》り添《そ》い、温かな心を差《さ》し伸《の》べ、「いのちのしずく」を両手で受け止めた医師高橋房次。いまも伝説のようによみがえるその生涯《しょうがい》をたどってみた。

1　白老《しらおい》アイヌコタンへ

白老村にやってきた

ぴりっと肌《はだ》に突《つ》き刺《さ》さる風は、山の残雪をなめるように吹《ふ》き抜《ぬ》けてくる。大正十一（一九二二）年三月の北海道白老駅のホームに、高橋房次は家族をともなって降《お》り立《た》った。白い蒸気《じょうき》が機関車の左右の底から立ち上がり、ホームに降り立つ人たちの足元を包みこんでいく。機関車の釜《かま》から立ち上がる黒い煙《けむり》も高くは舞《ま》い上《あ》がれず、ホームに垂《た》れこんで漂《ただよ》っていた。

「げへっ、けむたいや」

「機関車って、こんなに煙をはくんだね、お父《とう》さん」

子どもたちが父に語りかけた。

「鼻の穴《あな》はすすけていないか」

丸眼鏡《めがね》をかけ、口ひげを少し蓄《たくわ》えた房次が、子どもたちをふりむきながら身をかがめて顔をのぞきこむ。丸顔にきりっとした瞳《ひとみ》が輝《かがや》いている。

「鼻が詰《つ》まっていないか」

「鼻のなかは大丈夫《だいじょうぶ》みたい」

「そうか、昭《あきら》はどうだ」

「ぼくも大丈夫だよ」

房次は笑顔《えがお》をみせると立ち上がった。身長は一六〇センチほどと小柄《こがら》ながら、外套姿《がいとうすがた》に背筋《せすじ》をぴんと伸《の》ばして立つ姿は、人をよせつけないほどの迫力《はくりょく》がある。

「改札に迎《むか》えの人が来《き》ているはずだよ」

房次は、着物の上から角巻《かくまき》(大きいショールのような、防寒《ぼうかん》用の毛織物《けおりもの》)を羽織《はお》った妻《つま》のミサヲに声をかけると、長女狭野子《さのこ》に長男晃麿《てるまる》と、次男昭を前に歩かせながら、改札口に向かった。房次の手には軍隊用のズック(木綿《もめん》の布地《ぬのじ》)のボストンバッグ一つ。妻のミサヲは手提《てさ》げ袋《ぶくろ》を持ち、子どもたちはそろいのオーバーコートの上から、それぞれリュックサックを背負《せお》っていた。

房次は改札口で切符《きっぷ》を渡《わた》して駅舎《えきしゃ》に入った。その駅舎の天井《てんじょう》の高さに目を引かれた。駅舎は列車から降《お》りた人を迎《むか》える人たちや、次の列車に乗る人などであふれていたが、どこかテンポが緩《ゆる》やかに思えた。新天地での第一歩にしては、のんびりしている、と房次は思った。

玄関口《げんかんぐち》に目を移《うつ》すと、「歓迎《かんげい》高橋房次先生」と書いた白布《しろぬの》を掲《かか》げる一団《いちだん》がいた。村の職《しょく》員《いん》たちの出迎《でむか》えであった。

「高橋です」

房次は白布を掲げる人たちの前に近寄《ちかよ》ると声をかけた。

「遠いところ、よくいらっしゃいました。わたしたちが病院まで案内させていただきます」

房次は、迎えの職員一人《ひとり》ひとりとかんたんにあいさつをかわしたあと、職員の先導《せんどう》で駅舎を出た。駅前の広場はあちこちに水たまりが残っていた。ハイヤーが一台とまっていたが、高価《こうか》な輸入《ゆにゅう》車を使ったハイヤーに乗りこむ人はおらず、職員も、

「歩いてすぐの場所ですから」

と、徒歩で病院に案内するという。ときおり巻《ま》き上《あ》げられる土ぼこりに、子どもたちは鼻を押《お》さえながら病院に向かうことになった。

北海道庁立《ちょうりつ》白老《しらおい》病院

房次一行は、白老村の中心街大町本通りを歩いていった。軒《のき》を連《つら》ねる商店街を抜《ぬ》けたあたりから、塩の香《かお》りにまじった魚臭《ぎょしゅう》が漂ってきた。だだっ広い畑や茅葺《かやぶ》きや木造《もくぞう》の家が点在《てんざい》する。茅葺きの家はアイヌの人たちがチセと呼《よ》ぶ住居《じゅうきょ》である。

「ここも魚のにおいがするよ」

「街も新冠《にいかっぷ》と同じね、アイヌの人たちが住んでいるのね」

晃麿が声をかけると狭野子が応《こた》えた。

通称《つうしょう》白老アイヌコタンの地であった現在《げんざい》の白老町高砂《たかさご》町には、アイヌの人たちが暮《く》らす集落があった。道路の角地に土産店《みやげてん》があり、アイヌコタンを見学に来《く》る観光客のために、アイヌの伝統《でんとう》的な家屋を見せ、家の前に土産品などを並《なら》べて売っていた。

集落から歩いて数分で海にたどりつき、穏《おだ》やかな太平洋の水平線が望めた。海岸の砂浜《すなはま》では、夏になるとハマナスが花を開き、月見草もかれんな花びらを風にそよがせる。

――懐《なつ》かしい風景だ。コタンのたたずまいや暮《く》らしぶりも、よく似《に》ている。

大正四年から五年ほど、初めての北海道の地、新冠村のアイヌコタンに開院したときと同じような風景が、房次の目の前に広がっていた。


「こちらが庁立《ちょうりつ》病院でございます」

役場職員が真新しい木目が残る平屋建ての病院に案内し、玄関《げんかん》の鍵《かぎ》をあけて房次一行を招きいれた。家の中は木《き》の香《か》に満ちていた。病院施設《しせつ》にしては全体の大きさは驚《おどろ》くほどの規模《きぼ》ではなかったが、子どもたちには初めて目にする大きな家であった。

「院長先生のお住まいと病院とがつながっております。なにかとご不便をおかけすることと存《ぞん》じますが、よろしくお願い申し上げます」

病院が北海道庁《どうちょう》の施設となるため、この地域《ちいき》を扱《あつか》う胆振支庁《いぶりしちょう》の職員も顔を見せていた。その職員の案内で建物の構造《こうぞう》や設備《せつび》がひと通り説明され、型通りの引継《ひきつ》ぎが行われた。

「普段《ふだん》の窓口《まどぐち》はわたしどもが担当《たんとう》しておりますので、どうか遠慮《えんりょ》なくお申しつけください」

村役場職員も、新任《しんにん》の院長にあいさつをすませて病院を後にした。

さっそく、子どもたちの〝探検《たんけん》〟が始まった。家中を走りまわっては、その探検の成果を房次に報告《ほうこく》にきた。

「うわー、ベッドがあるよ！　すごいね」

「お風呂《ふろ》もついているさ」

建物の隅《すみ》から隅まで走り回っては歓声《かんせい》をあげる晃麿と昭。新しい家の居心地《いごこち》を確《たし》かめては目を輝かせていた。

「今日《きょう》から、ここがわが家だよ。お父さんの仕事場も一緒《いっしょ》だ」

房次のことばに、子どもたちはうれしそうにうなずいた。

玄関先《げんかんさき》には、あらかじめ鉄道便で送っておいた布団《ふとん》やかんたんな家具類、柳《やなぎ》ごうり（柳で編《あ》んだ入れもの）に詰められた洋服類や家財《かざい》道具が積み上げられていた。診察《しんさつ》室や病室の設備は一応《いちおう》の備《そな》えはしてあったが、いずれも簡素《かんそ》なものばかりであった。房次の新天地白老村での生活は、家族五人の質素《しっそ》な団欒《だんらん》から始まった。

アイヌの人たちの病院

白老病院は、これまで病気になっても病院にかかれなかったアイヌの人たちのために、初めて設《もう》けられた公立病院である。ほかに、沙流《さる》（現在の平取《びらとり》町）、静内《しずない》（現在の新ひだか町）、浦河《うらかわ》にも公立病院が新設《しんせつ》されていた。

白老病院の総建坪《そうたてつぼ》は六三坪。診療《しんりょう》室と薬品室、それに看護婦《かんごふ》（看護師《かんごし》）室、重患者《かんじゃ》室・病室二（ベッド六）、炊事《すいじ》室、応接《おうせつ》室、病院長室のほかに、浴室も設備されていたが、当時の公立病院としてどのような治療《ちりょう》にも対応《たいおう》できるほどの設備とはいえない規模だった。

ところで、アイヌの人たちが病院にかかるさいの手続きには、まず役場に足を運び「旧《きゅう》土人治療券《けん》」をもらうことが必要で、この券があると薬代などが補助《ほじょ》される仕組みになっていた。

その治療券にはこう書かれている。

「アイヌの人で、本券《ほんけん》を持って病院にかかるときは、薬代と入院料金については補助する。本券での投薬に一日二〇銭《せん》、入院料は一日一円を補助する。自ら病院に行けない場合は、本券で往診《おうしん》してもらうことができる」

という内容《ないよう》で、病気にかかり自費での治療が不可能《ふかのう》な場合は一日二〇銭の薬代を補助する、入院代も一日一円を補助するというものである。ところで、大正八（一九一九）年から昭和十八（一九四三）年までの、東京都内の総合《そうごう》病院での患者一人《ひとり》一日の標準《ひょうじゅん》入院料は、最低で二円五〇銭であった。この入院料と比《くら》べてみると、アイヌの人に支払《しはら》われる入院料と薬代を合わせても一日一円二〇銭の補助は、とても安いことがわかる。ちなみに、大正十一年の全国における「日雇《ひやとい》労働者」の一人一日当たりの賃金《ちんぎん》は二円一八銭であった。

まず健康調査《ちょうさ》から

引越《ひっこ》しの翌日《よくじつ》から、物の整理はミサヲにまかせると、房次はまず、コタンに住むアイヌの人たちの健康調査にとりかかった。地域の人たちの健康状態《じょうたい》を知ることから始めて、適切《てきせつ》な診療をしたいと考えていた。

コタンの戸数は九〇戸、四二〇人ほどのアイヌの人たちが住んでいた。どの家も、アイヌ民族伝統の建築《けんちく》様式が取り入れられていた。玄関と兼用《けんよう》の物置から家の中に入る。中は中央に炉《ろ》が切られ、台所や家族寝所《しんじょ》、主人寝所、上座《かみざ》、神窓(神々の出入口とされ、尊《とうと》ばれた)などが配置され、天井や小屋組みされた木造壁《かべ》には茅《かや》が張《は》りつけられて、煙窓《けむりまど》も設けられていた。

房次は、往診カバンに聴診器《ちょうしんき》とノートを入れて一軒《けん》一軒訪《たず》ね歩いた。

「おじゃましますよ。新しくできた病院の高橋です」

と、玄関先から大きな声で呼《よ》びかけ、家のなかをのぞきこむ。院長の突然《とつぜん》の来訪《らいほう》に驚きながら、おそるおそる玄関先に顔を出す夫婦《ふうふ》。

「院長先生ですか」

「高橋です。これからよろしくお願いします」

房次は主人の顔に近づいて笑顔であいさつする。

「はあ……」

遠慮していてはなにも進まないと房次は積極的に声をかける。

「今日《きょう》訪ねたのはね、家族の健康状態を教えてもらいたくてね。いつ病院に来られてもすぐ治療できるようにね、予《あらかじ》め診察票を作っておきたいのです。みなさんのための病院ですからね、健康管理の下調べですよ」

「まあ、まずお入りください」

房次はいわれるままにあがりこむと、入り口付近に腰《こし》をおろした。主人は玄関と対面する上座に座《すわ》るよう誘《さそ》ったが、房次は断《ことわ》った。

「そんなに長居《ながい》はしませんからここで十分ですよ。それよりみなさんの体の調子はいかがですか」

主人は、座布団《ざぶとん》を用意するように妻に告げたが、房次は手で遮《さえ》ぎると、

「わたしに余計《よけい》な気づかいはいりません」

と、きっぱりと断った。

房次は笑顔で、家族構成《こうせい》から名前と年齢《ねんれい》、いまの健康状態を尋《たず》ね、それまで病気にかかったことはないかなど、房次ペースで話を進めた。

ときには冗談《じょうだん》を言って笑わせ、警戒心《けいかいしん》をほぐしながら、家族の人柄《ひとがら》などを観察した。

房次はひと通りの質問《しつもん》をすませると、

「病院に来るときはお金の心配はしなくていいからね。病気から身を守るための病院なんだから、遊びに来るつもりで顔を出してくださいよ」と、気軽に誘った。

院長先生というから近よりがたい人かと思っていたら、わざわざ家まで訪ねて気さくに語りかけてくれる。そして自分や家族の健康のことを気づかってくれる。きっといい人なんだとの思いが重なり、主人は気がつくと房次の話と笑顔に引きこまれていた。

「院長先生、こんなぼろ家でよかったら、いつでも遊びに来てください」

「でもね、まずは、ご主人が先に病院に顔を出してくださいよ」

主人のことばに房次は笑顔で応えながら主人の手を両手でにぎりしめてから、礼を述《の》べ家を後にした。外に出るとノートに周辺の図を描《えが》き、調査済《ずみ》の丸をつけた。さらに、主人の目の動きや状態、体の動き、話し方など、かんたんな問診《もんしん》で病の兆しを見て取ったときは、「要診察」の文字《もじ》も書きこんだ。


房次は、午前中の外来診察を終えてから戸別訪問《ほうもん》に出かけていた。不在《ふざい》の家には、会えるまで毎日足を運んだ。食事時をできるだけ避《さ》けるようにしていたので、夜遅《おそ》くなることもあった。それでも、白老に来てから半年ほどの間に全戸を回り終えた。

房次は病院に戻《もど》ると、家族構成や家庭環境《かんきょう》、病気の疑《うたが》いのある人など、深夜までかかって調査結果をまとめた。その調査結果は、外来受診《じゅしん》のときのカルテ作りに役立ったことはもちろんだが、房次が直接《ちょくせつ》対面して聞き取っただけに、名前や顔つき、健康状態などはしっかり記憶《きおく》されていたのであった。ただ、生年月日の記憶がはっきりしない人が多いため、正しい年齢を確かめるのには時間がかかった。

アイヌの人たちの病気

白老病院の開院から五か月を経《へ》て、「北海タイムス」（現在の北海道新聞）が診療状況《じょうきょう》を高橋院長談として記事にしていた。

この病院が担《にな》う区域《くいき》は、白老村と幌別村《ほろべつ》（現在の登別市）の一円。点在する戸数二四七戸、人口一、三二四人。患者については、三月七日の開院から八月九日まで、五か月間で外来の延《の》べ人数が四、三八六人、入院二六四人という数字があげられている。病院が開設《かいせつ》されると、やってきたのは、いままでほとんど治療を受けたことなどない人たちばかりで、一〇年も病にかかっている老人や、失明して数十年という患者もおり、貧《まず》しさから我慢《がまん》せざるをえなかった様子がうかがわれる。

病気のなかでも目の病気が最も多かった。とくに伝染性《でんせんせい》の目の病気トラコーマが一番多く、家庭で洗顔《せんがん》するさいのタオルの使い方が原因《げんいん》として考えられた。皮膚《ひふ》病もまた多く、とくに多いのが頭部の湿疹《しっしん》で、その他は伝染性の皮膚炎《ひふえん》であった。その原因は先天的な虚《きょ》弱体質《じゃくたいしつ》や、不衛生《ふえいせい》な生活からくるものが多かった。

ほかに、呼吸《こきゅう》器病や肋膜炎《ろくまくえん》、各種の肺炎《はいえん》、気管支《きかんし》カタル、結核《けっかく》も多く、肺結核《はいけっかく》での死《し》

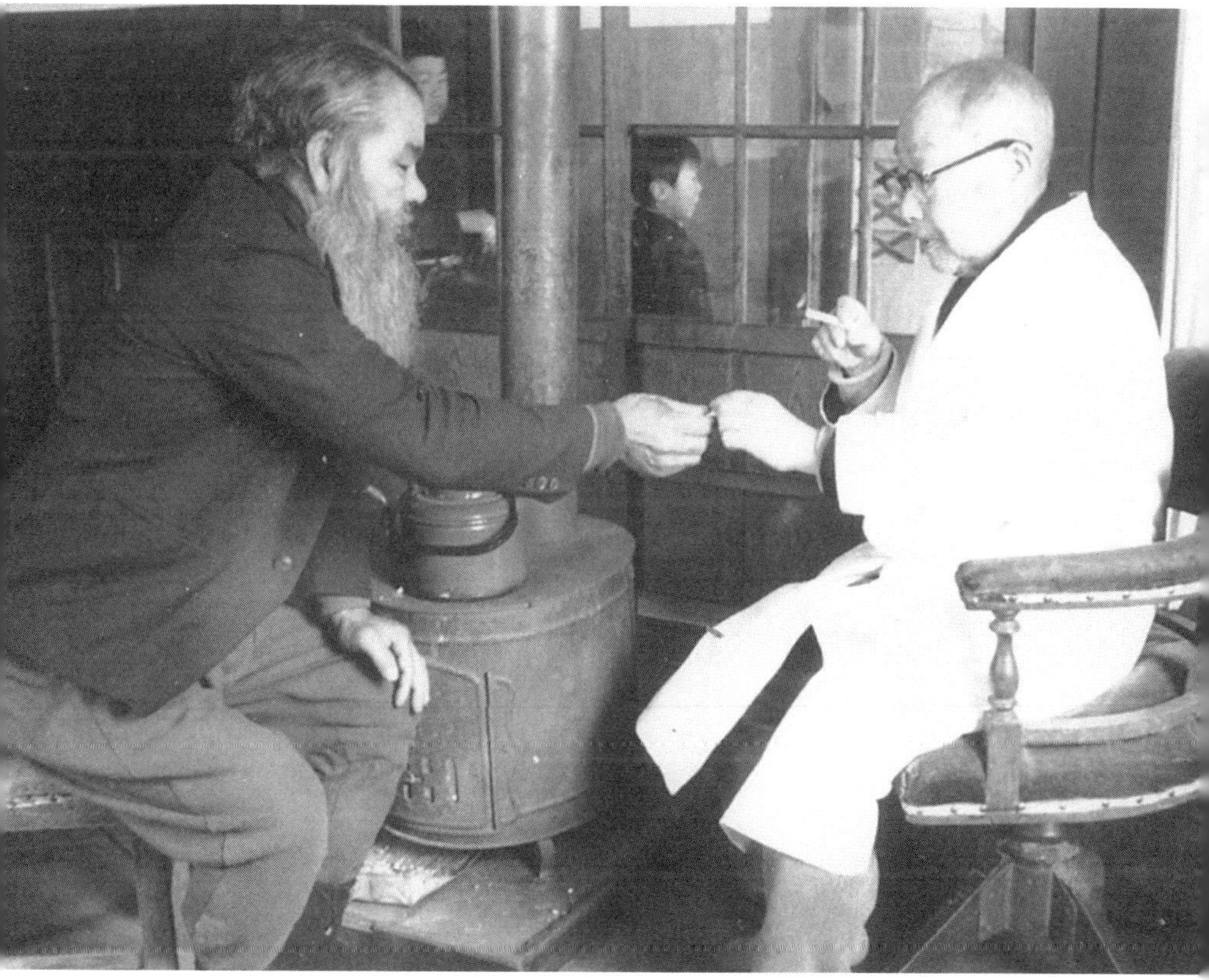

大正時代から戦後まで，白老《しらおい》のアイヌの人たちにとって，房次《ふさじ》はかけがえのない存在だった（撮影／掛川源一郎）

亡率《ぼうりつ》の高さも指摘《してき》されている。

この数字を見ると、房次は、一日平均《へいきん》二九人の人を診《み》ていたことになり、そのうえ入院患者も診るのだから、一人で大車輪の毎日を過《す》ごしていたことになる。

外来診察では、事前に家族や健康状態を調査していたので、房次はひと目で状態が判断《はんだん》でき、すばやくカルテを作ることができた。

午前中の外来で病状《びょうじょう》の重かった患者には、午後から進んで往診に出向いた。病状が重ければ夜中にも再《さい》往診をして、病状の進行を診察した。房次は医者として納得《なっとく》するまで患者を診ていたのである。

半年ほどの診療結果によって、アイヌの人の病気には、梅毒や肺結核、トラコーマなどが多いことが判明《はんめい》した。梅毒や肺結核は、北海道に渡《わた》ってきた和人《わじん》が持ちこんだ感染《かんせん》病であり、アイヌコタンには本来ない病原菌《びょうげんきん》による病気だった。近世以来、北海道に渡ってくる和人が増《ふ》えるとともに、アイヌ女性《じょせい》に対する性犯罪《せいはんざい》が増えた。その結果、病原菌が広がり、この当時までアイヌの人たちの体をむしばみ、人口減少《げんしょう》の原因の一つになっていたといわれる。

この診療結果に、房次は心を重くした。アイヌの人たちは病気になると薬草などを用いる伝統的な民間療法《りょうほう》をよりどころとしてきた。だが、病原菌による病気には、その民間療法ではとてもではないが効果《こうか》は期待できないからである。とくに梅毒は、人間として許《ゆる》すことのできない犯罪行為《はんざいこうい》だと感じた。

自らも和人の一人である房次は、先祖《せんぞ》が犯《おか》した罪《つみ》はわれわれの世代で償《つぐな》わなければならない、進んでアイヌの人たちへ償いをしなければならない、だれかが歴史の汚点《おてん》を償わなければならない、と考えた。どのような形でもいい、心あるならまず前へ進まなければだめだ、まず自らの手でできることから力を尽《つ》くそう、と房次はかたく心に誓《ちか》った。

そして、恩師《おんし》のことばを思い出した。医者たるものは、病人の痛《いた》みがわかる、温かい心をもった人間でなければならない、「病気を診ずして病人を診よ」の教えである。病人の側に立った分《わ》け隔《へだ》てのない医療《いりょう》こそ、時代を超《こ》えて医者がなすべき使命であると——。

2　母の愛を胸《むね》に医師《いし》を志《こころざ》す――房次《ふさじ》の生い立ち

母は「仏《ほとけ》さん」といわれた産婆《さんば》（助産師）さん

房次は、栃木県下都賀郡間々田村《とちぎけんしもつがぐんままたむら》（現在《げんざい》の小山市《おやまし》）に生まれた。明治十五（一八八二）年十二月十八日、父高橋友四郎《たかはしともしろう》、母テイの九人兄弟の五男として誕生《たんじょう》した。家は代々続いた農家だが、母テイは村で一人《ひとり》しかいない「産婆」であった。

母テイが産婆として働き、幼《おさな》い房次を命の誕生の場に連れていく機会が多かったので、房次の目には新しい命を取り出す母の懸命《けんめい》な姿《すがた》が焼きついていた。

いまでこそ出産は病院でするのが当たり前のようになっているが、この時代は、まだ病院で出産することはめずらしく、大半の人たちは自宅《じたく》で出産していた。それを手助けして新しい命を取り出すのは、医者よりも産婆の仕事であった。出産は母親にとっては命がけの仕事となる。テイの適切《てきせつ》な出産介助《かいじょ》は、村で評判《ひょうばん》になっていた。

「高橋の産婆さんは、仏さんのようにありがたい人だよ。やさしくて、温かくて、安心して子どもをとりあげてもらえる。しかも、お金のことはなにも言わないからね」

地元では「仏さん」のような人といわれ、熱い信頼《しんらい》を得ていた。しかも、赤《あか》ん坊《ぼう》のためのおむつを、自分の古い襦袢《じゅばん》や浴衣《ゆかた》をほどいて作り、置いてくるという心くばりを見せていた。

「子どもをとりあげてくれて、おむつまでも作ってくれるやさしい産婆さん」

テイが差《さ》し伸《の》べる心温まる行いや接《せっ》し方に、村の母親たちも感謝《かんしゃ》していた。

テイは毎日忙《いそが》しく動き回り、ひと通り家事を終えてから、夜なべ仕事で古着をほどき、おむつを縫《ぬ》いあげていた。便所に行った帰りに居間《いま》の障子越《しょうじご》しに、その母の影《かげ》を見た房次が、

「かあさん、なにを作っているの」

と、障子をあけて顔を出す。

「あらまあ、まだ起きていたのかい、おしっこかい。これはねえ、おむつを作っているんだよ」

といってテイは立ち上がり、房次の背中《せなか》に手をあてがいながら、房次の布団《ふとん》まで付《つ》き添《そ》う。

「ゆっくりとおやすみなさい」

晩年《ばんねん》のテイ

母のやさしい顔を見て、安心しきって枕《まくら》に頭を預《あず》ける房次。相手を思いやる母の姿を見て育った房次の脳裏《のうり》に、母のやさしさも記憶《きおく》されていた。

「房次、おまえは大きくなったら、お金をもうけることよりも、世のため、人のためになるような人間になりなさい」

と、房次は口ぐせのように母から聞かされた。この母のことばが、成長とともに房次の胸のなかに大きく育っていくのである。

テイが子どもたちにかける愛情《あいじょう》は、健気《けなげ》なほど深かった。晩年《ばんねん》の写真からも、真っすぐに前を見つめる目やシャンと伸《の》びた背筋《せすじ》に、その信念の強さをうかがいとることができる。

房次の次男昭《あきら》の妻《つま》、高橋タカはこう話す。

「人のいのちと接する目が養《やしな》われていったのでしょうね。房次おじいちゃんは、赤ん坊をとりあげるのが、産婆さんよりも上手《じょうず》だといわれておりました」

このことばからも、母テイの後姿《うしろすがた》を見て育った房次の、いのちの誕生に対する慈《いつく》しみの深さが想像《そうぞう》できる。

医師を志して上京

房次は、ふるさと間々田尋常《じんじょう》小学校を出ると、栃木県立中学校に学ぶ。農家の家に生まれたが、長男ではないため家業を継《つ》ぐ必要もないことから、自由に将来《しょうらい》の選択《せんたく》ができたのである。

そして、男子一生の仕事と志《こころざし》を描《えが》いたのは、医者になることであった。といってがり勉型のように猛《もう》勉強をしていたわけではない。どちらかというと、好きな小説や考古学などの趣味《しゅみ》に費やす時間のほうが多かったようである。

中学を卒業して、医者を志して上京した房次は、実家からの仕送りを頼《たよ》りに、現在の日本医科大学の前身となる「済生学舎《さいせいがくしゃ》」で学ぶことになった。

この済生学舎は、元東京医学校校長心得、長谷川泰《はせがわたい》が、明治九（一八七六）年に東京・本郷《ほんごう》元町に創立《そうりつ》した私立《しりつ》の医学校であった。同六年に、西洋近代医学による最初の私立学校として開所された慶応義塾医学所とともに並《なら》び称《しょう》された。長谷川はドイツの大学制度《せいど》を取り入れ、入学の時期や資格《しかく》を問わない「自由就学《しゅうがく》制度」をとっていたことから、医師を志す多くのすぐれた人材を世に出し、野口英世《のぐちひでよ》も卒業生に名を連ねていた。

済生学舎より遅《おく》れること五年、明治十四（一八八一）年に、海軍軍医としてイギリスに留学《りゅうがく》していた高木兼寛《たかぎかねひろ》が、帰国後に医学校成医会講習《こうしゅう》所（東京慈恵《じけいかい》会医科大学の前身）を誕生させた。

当時の国立の東京帝国《ていこく》大学医学部は、ドイツ医学の学風にそって理論《りろん》や研究を優先《ゆうせん》して、臨床《りんしょう》には力を注いでいなかった。それに対して高木は、臨床を第一とするイギリス医学の普及《ふきゅう》と患者《かんじゃ》本位の医療《いりょう》をすすめるために、医学校を創設《そうせつ》したのであった。

翌年《よくねん》には、貧《まず》しい患者のための治療《ちりょう》に「有志《ゆうし》共立東京病院」（後に東京慈恵会病院と改《かい》称《しょう》）を設立《せつりつ》した。同十八年には日本初の看護《かんご》学校となる「有志共立東京病院看護婦《かんごふ》養成所」を設立し、アメリカの宣教《せんきょう》師、リード女史を招《まね》いて専門的《せんもんてき》な看護教育にまで手を広げた。

高木は海軍医として軍艦《ぐんかん》乗組員に脚気《かっけ》患者が多いことに驚《おどろ》き、研究の結果、脚気がビタミンB1の欠乏《けつぼう》によっておこる病気であることをつきとめた。そして、海軍軍人の日ごろの食事の改善《かいぜん》に努めて脚気患者をなくしたのである。

高木の医療への強い思いは、医学とは研究のためだけではなく、病をわずらっている患者を診《み》て治せる能力《のうりょく》をもつ医師を養成するところにあった。あわせて病に苦しむ人を救《きゅう》済《さい》する施設《しせつ》を作ることが、社会の義務《ぎむ》であるとも唱えた。

人間がなによりも苦しいのは、貧乏《びんぼう》にして病気になることである。こうした人たちを救わなければ社会の発展《はってん》はない。そのための病院が必要なのだ。また、人を診るためには限《かぎ》りなく慈愛《じあい》をもった医師が必要である。医師とは病をわずらう人の痛《いた》みを理解《りかい》できる温かい心をもった人間でなければならない。これが高木の信念であった。

医師の心構《こころがま》えとは「病気を診ずして病人を診よ」である、病人の立場に立って行う医療こそ、時代を超《こ》えて医師がなすべき使命であると説き、医師養成の主柱にすえた。

房次は、東京の私立医学校の情報《じょうほう》は熟知《じゅくち》しており、高木兼寛の評判も耳にしていた。高木の唱える「病気を診ずして病人を診よ」の説に心が洗《あら》われた。

しかし、いざ私立の医学校に入るとなったとき、房次は高木の医学校ではなく済生学舎を志望《しぼう》した。それは、入学の時期や資格を問わない「自由就学制度」をとっていた済生学舎のほうが入学しやすい、と考えたからである。現実的《げんじつてき》な選択であった。

医師の本懐《ほんかい》を学ぶ

房次は、医学校を卒業するにさいして、これまで学費などの仕送りで世話になった両親に、医師として社会に旅立つ思いを手紙に簡潔《かんけつ》にしたためている。

「このたびは、無事『医術開業試験』に合格し、父や母のご恩《おん》に報《むく》いることができました。心よりお礼申し上げます。

これから医師として、社会に奉仕《ほうし》するにさいしては、なんら分《わ》け隔《へだ》てなく患者と向き合い、病をもつ人の痛みをくみとれる心をもって、医師の務《つと》めを果たしたいと考えます。

『成医会講習所』を創立した高木兼寛先生の『病気を診ずして病人を診よ』の医師像《ぞう》を、わたしの指針《ししん》にして、世のため人のためになる人間になりたいと思います」

学び舎は違《ちが》っても、医師として歩むべき道を見いだしたのである。

後年、房次は甥《おい》の高橋荘吉《たかはしそうきち》に、この医学校で学んだ折のことを話している。

「人間の愛というのはな、決してどんなに人に尽《つ》くしても、おれがやったのだと誇《ほこ》ってはならない。太陽の恵《めぐ》みを思いなさい。地上の万物を生かして、しかも誇ることがないだろう。無償《むしょう》の愛こそ真の愛なのだよ」

「無償の愛」を説く房次の信条《しんじょう》は、医学校時代に形成されたという。

日露《にちろ》戦争に従軍《じゅうぐん》

済生学舎に学び、明治三十六（一九〇三）年、医師国家試験に合格した房次は、卒業すると間もなく、日露戦争の従軍医として召集《しょうしゅう》されることになった。二十一歳《さい》の「三等軍医」としてであった。

房次は筆まめであった。応召されて清国（中国）の盛京省《せいきょう》（現在の遼寧省《りょうねい》）に従軍していた折りに、父友四郎に出した絵葉書にこうつづる。

「拝啓《はいけい》　みなさまにおかれましては無事でなによりのことと思います。従軍しました遼《りょう》東《とう》半島はなにごともなく、絵に描かれるような戦闘《せんとう》もなく無事です」

ふるさと栃木県間々田の実家で無事を祈《いの》る家族を思いやる文面であった。また、弟の誠《せい》一郎《いちろう》（荘吉の父）にも手紙を送った。

「きみも一生懸命勉強して成功してください。このたびの大戦においては戦況《せんきょう》の先もみえないが、自分はしっかりと生還《せいかん》するつもりだ、それがかなわないときは、ちゃんと両親の面倒《めんどう》をみてください」

と、生還の可能性《かのうせい》にまで触《ふ》れ、万が一戦死した場合には弟誠一郎に親孝行《おやこうこう》を託《たく》した。自らの近況《きんきょう》については、

「自分はまた清人（中国人）の儒者《じゅしゃ》について、ときに詩をくちずさんでみたりと、閑《ひま》な歳《さい》月《げつ》を送っている」

軍隊生活ながらも余裕《よゆう》のある生活を送っていることを伝えていた。その一方で、

「『膀胱《ぼうこう》カタル』にかかったため治療しており、大病ではないのだが、寒気が厳《きび》しいことがこの病には大いに悪い。でも心配はいらない。ただ、この病のことは両親には内緒《ないしょ》にしておいてくれ」

と、両親への気づかいを見せる面もあった。

房次は、明治三十八（一九〇五）年七月、従軍医としての務めを果たし、無事ふるさと

に戻《もど》った。日露戦争で間々田村から召集された人たちは一〇六人いたが、そのうち六名が亡骸《なきがら》で帰還《きかん》したという。

地域《ちいき》医療をめざして北海道に渡《わた》る

房次は、ふるさとで体を休めながら就職《しゅうしょく》の機会を探《さぐ》った。翌年に上京し、医学校の紹介《しょうかい》を得て警視庁《けいしちょう》検疫《けんえき》委員の仕事に就《つ》いた。いまでいう検視《けんし》官の仕事であった。しかし、東京の官僚《かんりょう》組織《そしき》のなかでも、とりわけ上下関係に厳しい警視庁の職場《しょくば》環境《かんきょう》は、房次の肌《はだ》に合わなかったようだ。

房次は、もっと社会に奉仕する医師の仕事をしたいと思った。そのためには、兄たちがいる北海道に心が動いた。この時期、開拓《かいたく》のために多くの人が本州各地から北海道に入っていた。房次の兄弟や親戚《しんせき》も北海道の地で働いていた。

高橋房次研究者で『コタンの父　高橋房次小伝』の著者《ちょしゃ》、山本融定《やまもとゆうじょう》は、「二男の平吉《へいきち》が明治二十一（一八八八）年に北海道日高管内平取町に移住《いじゅう》しており、同三十年には三男徳四郎《とくしろう》も平吉の町に近い日高町に住んでいた。また、母方の伯父《おじ》も北海道にいたことが、房次の心を動かしたのだろう」

と分析《ぶんせき》している。

北海道で地域医療にたずさわってみたい、という房次の思いがふくれあがり、二年あまり勤《つと》めた警視庁を辞めると、房次は済生学舎の先輩《せんぱい》を頼《たよ》り北海道に渡った。

済生学舎の卒業ながら、成医会講習所の創立者高木兼寛の唱える医師のあり方に共鳴した房次は、医師のいない北海道の田舎《いなか》で病に苦しむ人たちの側に立った医療にとりくみたいと、生涯《しょうがい》の目標をつかみかけていた。

明治四十年、済生学舎の先輩にあたる小樽《おたる》の医院に「研修医《けんしゅうい》」として籍《せき》を置くことになった。

3　愛する家族とともに

小樽《おたる》での恋《こい》と田名部《たなぶ》での新生活

明治後期の小樽は、樺太《からふと》との航路をもち商業都市としてにぎわいは北海道一であった。海運業も活発で、道央の炭鉱《たんこう》地帯から運びこまれる石炭が集まり、本州に船積みされていく。明治時代、国をあげての近代化のシンボルだった重工業を、鉱物資源《こうぶつしげん》の産出地として支《ささ》えていたのである。

この小樽に行ったことが、以後の房次《ふさじ》の生涯《しょうがい》を決定づけることになる。この地で生涯の伴侶《はんりょ》となるミサヲと出会うのだが、二人《ふたり》が出会ったとき、ミサヲは院長夫人だったのである。大きな困難《こんなん》を乗《の》り越《こ》えて二人は幸せな家庭を築《きず》くのだが、そのために手放さざるをえないものもまた、大きかった。

医院に住みこみで研修《けんしゅう》医生活を送る房次は、日中は診察《しんさつ》室で患者《かんじゃ》を診《み》ていたが、院長は医師会《いしかい》の仕事や視察《しさつ》などで医院を留守《るす》にする機会が多かった。家庭を顧《かえり》みない夫に苦しんでいたミサヲと房次が惹《ひ》かれあい、やがてミサヲは、院長と離婚《りこん》することを決意して実家へ帰る。そのとき、ミサヲは房次の子を身ごもっていたのである。

そのことを知った房次は、自分も医院を辞める決心をし、ミサヲの実家にミサヲとの結《けっ》婚《こん》を申《もう》し込《こ》んだ。

ミサヲの両親は、わが子の苦しみを知っていたため、院長との離婚も房次との結婚も応《おう》援《えん》してくれた。職《しょく》を失う房次のために、知り合いのつてをたどって青森県の田名部にある町立病院の職を紹介《しょうかい》までしてくれたのである。

こうして、房次とミサヲは北海道を離《はな》れて新たな人生に旅立つ用意ができた。だが、ここでひとつ大きな問題が生じた。ミサヲの両親が、二人の間に生まれた子どもは里子に出して、「身軽になって」新たな結婚生活を始めることをすすめてゆずらなかったのである。

房次とミサヲの最愛の子はミサヲの母が引き取り、里子に出すことになる。心の痛手《いたで》を背負《せお》いながら二人は小樽を旅立った。房次二十六歳《さい》、ミサヲ三十六歳、ともに手を携《たずさ》えての出発であった。

明治四十二（一九〇九）年、青森県田名部町（現在《げんざい》のむつ市）の町立病院（現むつ総合病院）に研修医の職を得て落ち着くと、房次は下北半島の地にミサヲとの愛の棲家《すみか》を築いたのである。

「なれない下北の地でなにかと不便をきたすが、わたしは精一杯頑張《せいいっぱいがんば》るからな」

「寒さは小樽と変わらないわ、房次さんと一緒《いっしょ》なら大丈夫《だいじょうぶ》ですよ」

困難を乗り越えて田名部の地で一緒になった二人は、なかむつまじく新しい生活を始めた。ミサヲは、房次にとって尊《とうと》い人生の伴侶であった。

田名部町は、かつては旧会津藩《きゅうあいづはん》の領地替《りょうちが》えとなって開拓《かいたく》された斗南藩《となみ》領地内にあった。斗南藩治庁が置かれた明治三十五（一九〇二）年に、大湊《おおみなと》に水雷団《すいらいだん》が創設《そうせつ》され、やがて大湊要港部となり、海軍の一大拠点基地《きょてんきち》化していく。房次が着いたころの田名部町は、寒風吹《ふ》きすさぶ下北半島の中心都市になっていた。

房次の勤務《きんむ》先、町立田名部病院は、木造《もくぞう》平屋建て三七坪《つぼ》ほどで、入院室は二部屋だけの小規模《しょうきぼ》なものであった。増《ふ》える患者に対応《たいおう》するため、研修医の房次も外来の診察から往診《おうしん》まで何でもこなした。

この田名部の病院で房次が目を見張《みは》ったのは、患者と接《せっ》する丸山鉄三郎《まるやまてつさぶろう》院長の姿《すがた》である。丸山院長は、明治三十一（一八九八）年の院長着任以来、急患《きゅうかん》を頼まれると夜間や吹雪《ふぶき》の中でも往診に出たり、診療《しんりょう》代も払えない極貧《ごくひん》の病人の枕元《まくらもと》へこっそりお金を置いて帰ってきたりするのである。

――「病気を診ずして病人を診よ」とは、丸山院長の生き方そのものではないか。房次は、その丸山院長の姿に、地域《ちいき》の人々とともに生きる医者としての理想の姿を見たのである。

「高橋君、私心なく、愛を捧《ささ》げるのも医者の生き方だよ」

さりげなく投げかける丸山院長のことばに、房次は深く感動した。田名部の町民から「慈父《じふ》」と慕《した》われる丸山鉄三郎院長に接し、房次は医者としてのわが身の処《しょ》し方を心に刻《きざ》んだのである。

やがて房次は、長男晃麿《てるまる》、次男昭《あきら》、長女狭野子《さのこ》を授《さず》かり、医師《いし》の仕事の目標を見つけ、ミサヲを得て築いた家庭愛に満ち足りていた。

再《ふたた》び北へ、新冠《にいかっぷ》で開業

大正三（一九一四）年、房次はある決意をミサヲに告げた。

「北海道の日高《ひだか》に新冠という街があるのだが、そこのアイヌコタンに医者がいなくて困《こま》っているというんだ。その日高に住む徳四郎兄《とくしろうにい》さんからの手紙でも大変そうだというのでね、困っている人たちのいる街で、わたし一人《ひとり》でも手助けしてあげたいと思うんだ。ミサヲからいただいた幸せを元手に、恩返《おんがえ》しでもできればと思っている」

六年間住みなれた田名部を離れるという夫のことばに、ミサヲは驚《おどろ》かなかった。北海道の地で開業するという夫の決意、医者のいないへき地里村《さとむら》で仕事をしたいという房次の情熱《じょうねつ》に共感したのである。

「日高のアイヌコタンの中に病院を開くのですか」

「村人の健康を守ってやりたいのだよ」

決意を表す燃《も》えるような夫の目の輝《かがや》きを見たミサヲは、この若者《わかもの》にひかれたのも、この燃えるように激《はげ》しい情熱を感じたからだと思った。ミサヲは夫の熱いまなざしにほほえみ返した。

大正四年五月二十七日、房次たち一家はかんたんな手荷物を抱《かか》えただけで青森県田名部から日高へ向かった。鉄道と船を乗《の》り継《つ》ぎ三日間の道中となった。

六月二日、日高国高江村《たかえ》（現在の新冠町）で開業した。北海道行きを心配していた母への報告《ほうこく》もかねて、房次は田名部から日高までの行程《こうてい》について、父友四郎に手紙を書いた。

「拝啓《はいけい》　二十七日に田名部を出発しまして三十日に当地にまいり六月二日に開業致《いた》し、当郡（新冠郡）は五百戸ばかりありまして内アイヌが二百戸ばかりあります。静内の方は三人の村医がおかれております。当郡は一人しかおりません。静内の方もなかなか昔のように医師も利益《りえき》がないといわれております。―略《りゃく》―

本年は種痘《しゅとう》をするので多忙《たぼう》であります。郡内を一周するには一週間もかかります。今日《きょう》までのようすでは、一ヵ年に四五百の薬価《やっか》しか売れない（ママ）でしょう」

郡内で唯一《ゆいいつ》の村医であるが、経営的《けいえい》には厳《きび》しいものを感じるという。さっそく種痘するために郡内を一周するとも。新冠での房次の精力的《せいりょくてき》な行動が始まった。

アイヌの哀《かな》しい目

房次が村医として新冠で生活できるか不安を抱える最中、新冠のアイヌの人たちに哀しい仕打ちが起きた。

新冠御料《ごりょう》牧場の拡張《かくちょう》にともなって、アイヌ居住者《きょじゅうしゃ》の強制移住《きょうせいいじゅう》が露骨《ろこつ》に行われたのである。この件《けん》に関しては、房次研究者の山本融定《やまもとゆうじょう》が『アイヌ民族の歴史と文化』でくわしく述《の》べているので、それを要約してみる。

明治五（一八七二）年、北海道開拓使は、お雇《やと》い外国人のケプロンやエドウィン・ダンなどに視察させ、その提案《ていあん》建議に基《もと》づいて新冠に本格的《ほんかくてき》な新冠馬牧場を作った。明治二十一年に「新冠御料牧場」と改称《かいしょう》され宮内庁《くないちょう》の所轄《しょかつ》となった。

皇室《こうしつ》の牧場である御料牧場になると、明治末に宿泊施設《しゅくはくしせつ》として貴賓館《きひん》「凌雲閣《りょううんかく》」（現在の竜雲閣）が建てられ、大正天皇《たいしょうてんのう》が皇太子《こうたいし》時代に訪《おとず》れた。その後、昭和《しょうわ》天皇など多くの皇族《こうぞく》に利用された。管理事務所《じむしょ》や凌雲閣に至《いた》る八キロの直線道路を一〇間《けん》道路とし、両側に一万本の山桜《やまざくら》が植えられた。いまでは北海道指折りの桜《さくら》の名所となっている。

この川の流域《りゅういき》には当然のごとくアイヌコタンがあり、アイヌの人々の居住地《きょじゅうち》となっていた。明治二十一年に御料牧場に改称されると同時に、新冠川流域のアイヌ七〇戸はアネサル（姉去・新冠町）に強制移住させられ、牧場内から追い出されたのである。そして、アイヌの人たちは小作人として使われていた。

大正期に入ると、アネサル地区を御料牧場の肥料《ひりょう》場として使う目的から、一度強制移住させられたアイヌ七〇戸の人たちは、またも追い出されることになった。しかも、移住場所は現在地《げんざいち》から五〇キロも離れた原生林におおわれた未開拓地《みかいたくち》、上貫気別《かみぬきべつ》（現在の平取《びらとり》町旭《あさひ》地区）であった。二度も強制移住させられるアイヌの人たちは、相手が皇室所轄の権《けん》威《い》をもってしては逆《さか》らうこともできず、哀しい目をして従《したが》うしかなかった。同時にアイヌ学校と教師《きょうし》たちも移転《いてん》させられた。

大正五（一九一六）年三月、七〇戸、三〇〇人のアイヌの人たちが、手に手に荷物を持ち、荷馬車をひきながら御料牧場を去っていった。間もなくして、コタンのチセ（住居《じゅうきょ》）などが焼《や》き払《はら》われた。

家と土地を追われるアイヌの人たちの悲劇《ひげき》を身近に見た房次は、怒《いか》りを抱《いだ》いた。和人《わじん》の一人として許《ゆる》し難《がた》い権力《けんりょく》の横暴《おうぼう》であると。

大正九年、房次も新冠を去り、石狩《いしかり》地方広島村輪厚《わっつ》で医院を構《かま》えた。三年ほど里医者として過《す》ごしていた房次のもとに、白老のアイヌコタンに公立病院を開設《かいせつ》する計画が知らされた。胆振支庁《いぶりしちょう》長の推薦《すいせん》で、北海道庁《どうちょう》から病院長を引き受けてほしいとの依頼《いらい》であった。

——白老のアイヌの人たちの健康を維持《いじ》するための病院なら、願ってもないことだ。

房次は、快諾《かいだく》した。再び、アイヌの人たちと向き合う医者の生活が始まったのである。

4　白老《しらおい》の若者《わかもの》たちとともに

アイヌへの差別から医師《いし》の使命を心に刻《きざ》む

大正、昭和初期の北海タイムス（現在《げんざい》の北海道新聞）や室蘭《むろらん》毎日新聞の記事には、「白老土人病院」や「白老村旧《きゅう》土人」という活字が当たり前のように使われている。アイヌの人たちは「土人」と呼《よ》ばれ、差別されていたのである。

だが、房次は、新聞広告やその他に、自らの病院名を「北海道庁《ちょう》立《りつ》土人病院」とすることはなかった。一貫《いっかん》して、「北海道《どう》庁《ちょう》白老病院」や「白老病院」といい、「内科・小児科白老病院」で通し、アイヌの人たちを「土人」と呼《よ》ぶ根拠《こんきょ》を認《みと》めなかった。

なぜ「土人病院」と、あからさまに表現《ひょうげん》しなければならないのか。役人の偏見《へんけん》はもとより、当時の一般《いっぱん》の人たちの考え方のなかにも、こうした差別を当たり前としてとらえる風《ふう》潮《ちょう》があった。

「旧土人」ということばは、法律《ほうりつ》用語として公然と使われていた。つい最近の平成九

（一九九七）年まで「北海道旧土人保護法《ほごほう》」があったのである。この「北海道旧土人保護法」により、「土人病院」を設置《せっち》する法案が国会を通過《つうか》したのは大正九（一九二〇）年である。北海道庁は法律に基《もと》づいて「庁立白老土人病院」をはじめ、沙流《さる》（平取《びらとり》）、静内《しずない》、浦河《うらかわ》にこの「土人病院」を設置した。

本来は「アイヌモシリ」といわれたアイヌの人たちの大地に、大和《やまと》民族が勝手に入りこみ、わがもの顔で土地支配《しはい》を始めた。近世松前藩の成立以後、蝦夷《えぞ》地支配が進むにつれて、支配権《けん》を作り上げていった。明治期に至《いた》っては同化政策《せいさく》（大和民族がアイヌの人たちを自分たちの生活の仕方や考え方になじませ、一体化させようとする政策）を押《お》しつけ、「旧土人保護法」という救済《きゅうさい》政策とともに、アイヌの人たちをとりこんでいくのである。

新冠《にいかっぷ》において、アイヌの人たちへの和人《わじん》のひどい仕打ちに接《せっ》した房次は、アイヌの人たちを社会の弱者にしてはいけない、和人の一人《ひとり》として、自分なりに歴史の償《つぐな》いを率先《そっせん》して実践《じっせん》したいという思いを抱《いだ》いていた。

本来なら尊敬《そんけい》すべき立派《りっぱ》な先住民族に、和人としてあわれみをかけるのではない。ほどこしをするためでもない。お互《たが》い人間として向き合い、病があれば診《み》て治療《ちりょう》にあたる。

医者として最善《さいぜん》を尽《つ》くす。その行為《こうい》をもって自ら歴史の償いをしたい、という強い思いであった。

医道とは、貧《まず》しい人たちにも積極的に手を差《さ》し伸《の》べ、地域《ちいき》の保健衛生《ほけんえいせい》の向上はもとより、人々の健康を維持《いじ》するための「橋」を架《か》ける役割《やくわり》と信じていた。それだけに、新冠で目《ま》の当たりにした、アイヌの人たちの哀《かな》しい目が心にしみていた。社会のせいにするつもりはない、まずは「医の心」をもって、自らが手をそめて尽くすことにする。わたしが医者になった使命がここにこそある。

房次は良心にしたがい、自らの人生の使命として深く心に刻みつけた。

発言する房次

房次には、「お金がなければ医者にかかれない社会そのものが不健全だ」との持論《じろん》があった。房次流の健康優先《ゆうせん》の医療《いりょう》は、生活が苦しい人たちには、医療費《いりょうひ》や薬代の請求《せいきゅう》をしない。といって、最初から無料でいいとはいっていない。都合のついたときでいいのだ。あるいは、魚や野菜などでもよかった。その根拠として、早くから唱えていたのが

「医療の国営化《こくえい》」である。

「尊《とうと》い人命をあずかる医療機関が、一個人《いちこじん》の営業《えいぎょう》にゆだねられていてはいけない。富《と》むものも貧《まず》しきものも、差別なく平等に医療を受けられる仕組みが必要なのだ。そのために国費を投ずることは当然のことである」

房次が医師を志《こころざ》したときからの持論でもあった。

あるいは、土地の国有化についても同様である。社会生活の基盤《きばん》となる土地所有制度《せいど》は、万人に公平に平等に、そのためには国有化をもって当たるべきと考えていた。

かつて新冠の御料《ごりょう》牧場でのアイヌの人たちが強制《きょうせい》的に移住《いじゅう》させられた事件《じけん》に接していた房次は、土地の国有化によって公平・平等な政策をとるべきだとも説いていた。

新聞への寄稿《きこう》も活発で、社会に向けて主張《しゅちょう》した。

大正十一（一九二二）年、白老に赴任《ふにん》して以来、地元紙でもある「室蘭毎日新聞」に「義《ぎ》務教育《むきょういく》の権威《けんい》を疑《うたが》う」や「禁酒《きんしゅ》運動とその原理」などを寄稿している。道議会選挙の選挙違反《いはん》を容赦《ようしゃ》なく批判《ひはん》し、税金《ぜいきん》の無駄《むだ》づかいをやめるよう主張する一方で、「趣味《しゅみ》のタルマイ山」の連載《れんさい》や「恵庭《えにわ》山へ登る」「恵庭火山と其《そ》の山岳美」などの記事で登山に対する知《ち》識《しき》の広さも披露《ひろう》した。

青年団《せいねんだん》の会長として

房次は、白老に赴任して間もなく、青年団の活動にもかかわりをもち、応援《おうえん》していた。地元の若者、河合海之助《かわいかいのすけ》（後の白老町助役）との出会いが契機《けいき》となっていた。

河合は、村内の若者三二人とともに、青年団活動の中心人物でもあった。房次は、河合がなにくれとなく相談を持ちこんでくるのを温かく見守り、若者が自立するために青年団活動を後押《あとお》ししたのである。青年団の会長も引き受けていた。

子どものころから体が弱かった河合は、体調を崩《くず》しては房次の診察《しんさつ》室に顔を出していた。といって、満足に治療費が払《はら》えない貧しい家庭であり、そんな事情《じじょう》を知る房次は治療費を一切請求しなかった。

「院長さんに何度も治療費を払おうとしたのですが、がんとして受け取ってくれませんでした」

と、河合は語っている。

河合の若者としてのすがすがしい気質《きしつ》に、房次は目をかけていた。河合たち若者が夜になって房次の診察室に押《お》しかけては、話に花を咲《さ》かせた。房次も身を惜《お》しまずに若者らの力となり、活動のあり方を助言した。

団誌《だんし》「郷友《ごうゆう》」の発刊《はっかん》

房次は、向学心があっても家の貧しさから学校で学べない若者には、「夜学校」を開いて教育の場とし、自ら講師《こうし》となって教えてもいたのである。

「青年団の活動の成果として団誌を発行し、自由に投稿《とうこう》できる場を設《もう》けるべきだ。青年団の主張を社会に発表すべきではないか」

と「団誌」の発行を提案《ていあん》。お互《たが》いに考えをまとめて主張しあい議論《ぎろん》をたたかわせ、批評《ひひょう》の場にしようとした。

「青年団活動は学習だけではなく、進んで社会に発信することがたいせつなことだよ」

と説き、団誌「郷友」の発刊にこぎつけた。

発行元は「白老青年団学習部」とし、団員《だんいん》からの自由な寄稿を呼《よ》びかけた。団誌「郷友」は、団員によって持ち回りでガリ版《ばん》印刷（蠟《ろう》紙をガリ版にあてて文字《もじ》を書きこみ、それを謄写《とうしゃ》刷りで印刷する）された手書きであった。

創刊号《そうかん》には、房次自ら「不平等と不均衡《ふきんこう》」と題した一文を寄《よ》せた。この原稿《げんこう》には、房次が持論とする差別なき「平等社会」への思いがつづられている。

「いまの世の中において、いかなる程度《ていど》まで平等が実現《じつげん》できるか！　いかなる程度まで不平等がはねまわり得るか！」

との書き出しで始まり、世のなりたちも自然のいとなみのなかにあり、だれにも貧富《ひんぷ》の差や幸せと不幸せがあってはならない。人間として生まれてきたからには、どのような環《かん》境《きょう》にあっても等しく平等に生きる権利《けんり》がある。神の示《しめ》した自然の成果としての人間社会において、差別することの無意味なこと、社会の不平等があってはならないと述《の》べている。

昭和六（一九三一）年刊行《ねんかん》の「郷友」第二号には、「自由人とは」の一文を投稿し、東京の有名大学総長《そうちょう》の退職《たいしょく》時のことばである「このさいしばらく自由人として生きたい」を引用しながら、本来あるべき「自由人」の姿《すがた》を説いている。

「自由人とは勝手気ままに生きる人をいうのではなく、ひまな人をいうのでもなく、いたずらに争いごとをする獣《けもの》のような人をいうのでもない。貧乏《びんぼう》でも、富んでいても、老《ろう》若男女《にゃくなんにょ》だれでも、社会に出て街頭に立つこともあるだろう、田畑を耕《たがや》すこともあるだろう。そして、学ぶもよし、遊ぶもよし、考えて反省するもよし。素直《すなお》な心を養い、理知をみがき、正しい信念のもとに、正しい行いをする者こそ、真の自由人ではないだろうか」

創刊号の「平等社会」を唱えた主張から一歩踏《ふ》みこんで、「自由人」とは私心《ししん》なく正義《せいぎ》を貫《つらぬ》く信念をもち、自ら正しい行いをする人であると説いた。若者は信念をもって主張すべきだと説く、房次の熱い思いを伝えている。

一文を寄せる若者は、伊藤《いとう》よしはる、菊池忠雄《きくちただお》、吉田一也《よしだかずや》、河合羅星《らせい》（海之助）など、青年団を引っぱる中心人物であった。

若者よ懸命《けんめい》に生きよ

保守《ほしゅ》的な田舎《いなか》の街にはなにもかもが目新しくて進歩的な話を聞かせてくれる房次に、若者たちは目を輝《かがや》かせて耳を傾《かたむ》けた。少しでも新しい知識を学び取ろうとして、日に日に若者たちの表情《ひょうじょう》が変わっていった。

房次のもとに集《つど》う若者たちは増《ふ》え、青年団の輪も広まった。房次は時間を惜しむことなく若者へ語りかけ、自立することを説いた。

「いいかね河合君」

と、青年団の中核《ちゅうかく》となって活動する河合海之助に語りかける。

「志《こころざし》半《なか》ばであれ、いのちを終えた人に対しては厳粛《げんしゅく》に見送り、貧しくてもこの世に生を受けた限《かぎ》りは、日々のいのちを尊《とうと》びながら懸命に生きることなんだよ。病に伏《ふ》したときは、いのちを守るために医者がいる」

房次は自らの生き方とも重ねていた。

「人間の死に差別はない。お金持ちの人も、貧しい人であっても、死ぬときはすべて神に召《め》されてこの世を去っていく。だから、人間の死はすべてに平等である。いのちを宿したからには、いかなる生物にも、いのちの終わりがくるのだ。それまでに与《あた》えられたいのちを存分《ぞんぶん》に生きること。思《おも》う存分《ぞんぶん》にいのちの炎《ほのお》を燃《も》やさなければ、親から与えられたいのちを裏切《うらぎ》ることと同じなんだ」

平凡《へいぼん》な毎日であっても、そのときそのときを存分に過《す》ごす。生きとしいけるものとして、人間のいのちの使い方で人生の意義《いぎ》が問われるのだ、と説いた。

その青年団の河合海之助が、大正十四（一九二五）年、兵役のため召集《しょうしゅう》されることになった。入営《にゅうえい》にさいして房次は、手作りの手帳サイズの小冊子《しょうさっし》に心構《こころがま》えを書いて贈《おく》った。

「大正十四年一月三日　友人河合海之助君の台湾《たいわん》歩兵第一連隊に入隊する壮行《そうこう》に」という書き出しで、若《わか》き河合に託《たく》した房次の思いがつづられている。そして、規律《きりつ》を重んじることが諭《さと》されている。

目をかけてきた若者に、集団《しゅうだん》社会での生き方を教え、希望を失うことなく「光に向かって明るく生きよ」と励《はげ》ましのことばを投げかけ、無事に帰還《きかん》することを願うと続く。「河合君、軍隊という集団生活の中では、決して一人《ひとり》よがりな行動をとらずに、お互いに助けあって生活することだよ。健康に気をつかい、ふるさとに帰る日のため希望を抱いて生き抜《いぬ》いてくれ」

出征《しゅっせい》する若者に、なによりも生き抜いて帰るのだぞと励《はげ》ます。軍人として殉死《じゅんし》して英霊《えいれい》となるのが国民の名誉《めいよ》であると称《たた》えられた時代にあって、生きて帰ることを強く求めた勇気ある房次の発言である。

「わたしにとって高橋先生は、両親以上の存在《そんざい》でした」

後年、河合海之助はそう語っている。

郵便はがき

おそれいります
が切手をはって
お出し下さい

1078668

東京都港区
赤坂郵便局
私書箱第十五号

農文協

☎03-3585-1141 FAX03-3589-1387
http://www.ruralnet.or.jp/

読者カード係 行

◎ ご購読ありがとうございました。このカードは当会の今後の刊行計画及び、新刊等の案内に役だたせていただきたいと思います。

ご住所	(〒 ー) TEL： FAX：	
お名前	男・女	
E-mail：		
ご職業	公務員・会社員・自営業・自由業・主婦・農漁業・教職員(大学・短大・高校・中学・小学・他) 研究生・学生・団体職員・その他 ( )	
お勤め先・学校名		ご購入の新聞・雑誌名

※この葉書にお書きいただいた個人情報は、新刊案内や見本誌送付、ご注文品の配送、確認等のためにのみ使用し、その目的以外での利用はいたしません。

● ご感想をインターネット等で紹介させていただく場合がございます。ご了承下さい。

● 送料無料・農文協以外の書籍も注文できる会員制通販書店「田舎の本屋さん」入会募集中！
案内進呈します。　希望□

■毎月50名様に見本誌を１冊進呈■ (ご希望の雑誌名ひとつに○を)

①食農教育　②初等理科教育　③技術教室　④保健室　⑤農業教育　⑥食育活動
⑦増刊現代農業　⑧月刊現代農業　⑨VESTA　⑩住む。　⑪人民中国
⑫21世紀の日本を考える　⑬農村文化運動　⑭うかたま

お客様コード □□□□□□□□□□

SC

書 名　お買い上げの書籍名をご記入ください。

ご購入書店名（　　　　　　　　　　　　　書店）

書についてご感想など

後の出版物についてのご希望など

の本を求めの機	広告を見て（紙・誌名）	書店で見て	書評を見て（紙・誌名）	出版ダイジェストを見て	知人・先生のすすめで	図書館で見て

新規注文書 ◇　　郵送ご希望の場合、送料をご負担いただきます。

この出版案内をご覧になりまして購入希望の図書がありましたら、下記へご記入下さい。

	（定価）¥	（部数）　部
	（定価）¥	（部数）　部

5　ホロケナシの拓殖《たくしょく》医――困《こま》った人たちに手を差《さ》し伸《の》べる

雪の山道で命びろい

房次《ふさじ》の行動範囲《はんい》は、さらに広がることになった。昭和七（一九三二）年、白老《しらおい》村字ホロケナシの「拓殖医」の仕事を北海道庁《どうちょう》から委嘱《いしょく》されたのである。ホロケナシは、現在《げんざい》の白老町森野《もりの》地区という山間地域《ちいき》で、開拓《かいたく》で入ったわずかな農家の集落の医療《いりょう》をになうことになった。その地域がどのように辺ぴな場所であろうと、房次は、

「病む人がいる限《かぎ》り、診《み》にいくのが医者の務《つと》めである」

と意に介《かい》しない。

ホロケナシへの道は、白老市街から白老川沿《しらおいがわぞ》いを登ること一四キロ、標高四八五メートルほどの瓦斯《がす》山山麓《さんろく》を登る山道である。現在は道道八六号「白老―大滝《おおたき》線」となって整備《せいび》されているが、当時は山林を切り開いただけの土がむき出しになった山道で、雨が降《ふ》ると泥道《どろみち》となって水が川のように流れる。原生林におおわれ、その周囲にうっそうとした熊笹《くまざさ》

が広がる一帯は、熊《くま》が出てもおかしくない。この山間地に山形や宮城《みやぎ》、岩手などから、約二〇〇戸、一〇〇人ほどの人たちが開墾《かいこん》に入ったのである。

房次は、建てられたばかりの小学校を仮《かり》の診療所《しんりょうじょ》としてあてがわれ、週二回診察《しんさつ》に通っていた。夏は馬車で、冬は馬そりで迎《むか》えが来《く》る。房次の送《おく》り迎《むか》えのために畜産《ちくさん》農家がひと役かっていた。

冬の山道は、満足に除雪《じょせつ》することもなかったため、雪を踏《ふ》みつけただけの、けもの道のような状態《じょうたい》であった。そのうえ、夏に使った馬車の鉄輪《かなわ》のあとがくいこみ、わだちとなってでこぼこである。そこを馬がそりを引《ひ》っ張《ぱ》るため、荷台に座《すわ》っているところげ落ちそうになる。冬の山道は至《いた》るところに危険《きけん》がひそんでいた。

ある日、房次が乗った馬そりが、ちょうど下りの坂道にさしかかったときであった。馬より先にそりが滑《すべ》りだした。馬の体につながる金具がうまい具合に外れて、馬と馬の手綱《たづな》をにぎっていた農夫は無事だったが、荷台に乗り合わせていた房次と産婆《さんば》は、雪原に放り出されるように荷台の箱ごと引《ひ》っ繰《く》り返《かえ》ったのである。農夫は雪の上に投げ出されただけだが、房次も産婆も雪に埋《う》もれ箱の下になって見えなくなってしまった。

房次と産婆は投げ出されて雪の中に埋もれてしまったのか、とあわてる農夫。馬を置いたままそりに走りより、箱を元に戻《もど》して房次と産婆の姿《すがた》を捜《さが》した。

「先生、大丈夫《だいじょうぶ》ですか。産婆さん！」

農夫の声に雪のなかからむっくりと起き上がる房次と産婆。体中雪まみれであった。房次の眼鏡《めがね》も雪だんごのように膨《ふく》れていた。

「なんとか生きてるよ」

「よかった、先生すんませんでした」

農夫は房次の手を引いてそりに乗せてから、産婆の手を引いて体についた雪をはらった。雪の山道では、馬そりに乗るのもいのちがけであった。

「あとあとまで、あのときは殺されるところだったと先生に笑われましたよ」

と農夫は語っている。

遺体《いたい》が動いた？

ホロケナシ在住《ざいじゅう》の畜産農家で老婆《ろうば》が亡《な》くなった。その農家が死亡診断書《しぼうしんだん》を書いてもらうために迎えにきたので、房次が訪《たず》ねたときのことである。

房次は、遠慮《えんりょ》することなく家に入り居間《いま》にあがった。そこに布団《ふとん》が敷《し》かれ、老婆が寝《ね》かされていた。遺体の状態を確認《かくにん》するために枕元《まくらもと》へ腰《こし》をおろすと、薄《うす》っぺらな掛《か》け布団《ぶとん》の角をそっともちあげた。その瞬間《しゅんかん》、遺体が動いた。房次は反射《はんしゃ》的に身をのけぞらした。

——遺体が動いたということは、生き返ったということか。

房次はどきりとしたが、よく見ると、動いたのは添《そ》い寝《ね》をしていた老婆の家族の一人《ひとり》であった。本州から裸一貫《はだかいっかん》でこの地に移《うつ》り住《す》み、山林の開墾に苦労しっぱなしで逝《い》った母親の死を悲しみ、最期《さいご》の別れをしていたのである。

——おどろかすなよ。

と叫《さけ》びたいところであったが、房次はことばを飲みこんだ。遺体と添い寝するほど別れを惜《お》しむ家族の姿が痛々《いたいた》しかったからである。

「働き者のお母《かあ》さんだったよな」

房次のことばに、枕元に泣《な》き崩《くず》れる声が大きくなった。

「先生は神さまだね」

やはり死亡診断書の要望をうけて、房次がその家にたどり着いたときのことである。布団に寝かされていたのは、一家の大黒柱であった。年端《としは》もいかない子どもや小学生、中学生の子どもと母親が、それぞれふとんの傍《かたわ》らで父親の遺体にすがりついて泣いていた。

房次は、書類を書き終えた後、枕元に遺族《いぞく》を集めると、みんなに話しかけた。

「大黒柱のお父《とう》さんが亡くなって大変だろうが、お母さんをもり立て、お父さんの遺志《いし》を継《つ》いでいくんだよ。お母さんも、悲しんでばかりではいけないよ。お子さんたちのために、あまり無理をしないで畑仕事を続けてな。お兄《にい》ちゃんは中学生か、お父さんが亡くなったからといって学校を辞めないように、高校だけは行きなさい。学費はわたしが出すから心配しないでいい。ほかの子どもたちも、健康には気をつけて、みんなで協力して、お母さんを手助けするんだ。いつまでも悲しんでいてもお父さんは帰ってこない。それよりもみんなで明るくがんばることが、お父さんを供養《くよう》することになるんだぞ。いつもわたしが見にくるから、なにかあったらわたしに相談しなさいよ」

房次のことばに、みんなが涙《なみだ》をぬぐいながら、うなずいた。涙をこらえ切れない母親が、喉元《のどもと》からしぼり出すように礼を述《の》べた。

「院長先生、いろいろとありがとうございます」

「先生はわたしたちの神さまだね」

小さな女の子が、房次を見上げてつぶやいた。

開墾に明け暮《あく》れる毎日、十分な栄養もとれずに重労働に追われる人たち。大事な働き手である主人を亡《な》くした家もあり、房次はそのたびに家族の面倒《めんどう》を買ってでた。その数五軒《けん》ほどという。高橋家の家計とて他人の世話を焼くほどゆとりある状態ではなかったが、ひるむことなく目の前の困った人たちに手を差し伸べていた。

いずれの場合も、往診料や薬代を請求《せいきゅう》することはなかった。診てもらったものの、お金を払《はら》えないためことばで言いだせずにいるのには目もくれず、玄関《げんかん》でふり返ってことばをかける。

「これな、もって帰るのが面倒なので、もし使えるなら使ってくれんか」

と言い残して、衣服や米などを置いていく。子どもには菓子《かし》や文房具《ぶんぼうぐ》を用意した。それも、ついでにという装《よそお》いでさりげなかった。

こうした開拓地での医師《いし》のあるべき姿について、房次はこう語る。

「道路で行《ゆ》き倒《だお》れの人がいたとする。わたしは医者だからすぐ病気だと考えてしまいがちになるが、ほんとうに苦労をしている開拓地の人たちなら、飢《う》えのために倒《たお》れたのではないかと、まずは胃袋《いぶくろ》をさわってみる。そこまでの思いやりがなければ、ほんとうの医者ではないことを悟《さと》らされたな」

子どものために肩《かた》を腫《は》らす母親

　ホロケナシの開拓地から、二歳《さい》の子どもの体にできものができたといって、主婦《しゅふ》が畑仕事を休み、子どもを背中《せなか》におぶって一四キロほどの山道を歩いて房次のもとへやってきた。山道のため片道《かたみち》三時間もかかって歩いた主婦の肩は、おんぶひもがくいこみ腫《は》れあがっていた。

　診察室で顔を合わせた房次は、

「ホロケナシから歩いてきたのか、よく来《き》たな」

と、子どもの頭をなでながら笑顔《えがお》で体の状態を診る。

「心配いらないよ、塗《ぬ》り薬《ぐすり》をあげるからな」

　房次は、長女で看護婦《かんごふ》として手伝っていた狭野子《さのこ》に子どもをあずけると、薬品棚《だな》に立って薬をもってきた。自らの手で患部《かんぶ》に塗りこんだ。

「もう安心だよ」

と、子どもに語りかける。母親には、帰り道も大変だから、ゆっくりと体を休めてから行くように言《い》い含《ふく》める。そして、房次は次の患者《かんじゃ》を呼《よ》びこんだ。子どもの身づくろいをすませた母親が、房次の背中越《ご》しに診療《しんりょう》代を尋《たず》ねたが、房次は無視《むし》するように患者を診ていた。

言ってはみたものの、お金を持っていたわけではなく、母親は深々と頭を下げると診察室の片隅《かたすみ》に腰を下ろし、肩をさすっていた。

6　白老《しらおい》の病院で

病院開設《かいせつ》一〇周年記念式と謝恩会《しゃおんかい》

大正十一（一九二二）年に開設した庁立《ちょうりつ》白老病院は、昭和七（一九三二）年で一〇周年を迎《むか》えていた。病院の節目はもとより、これまでアイヌコタンの医師《いし》として尽力《じんりょく》してくれた房次《ふさじ》に対する感謝《かんしゃ》の機会にと、謝恩会がもよおされた。来賓《らいひん》の道庁《どうちょう》役人や村長代理のほかにコタンの人たちもたくさん参加し、地元の小学校で開かれた。

型通りの式典を行った後、アイヌの人たちを代表して森久吉《もりひさきち》が心温まるあいさつをした。

「院長さんがこのコタンに来《こ》られて以来、われわれアイヌのために一生懸命《けんめい》になって病気を治してくれたり、時間に関係なくいつでも往診《おうしん》にきていただいております。あるいは、わたしらの生活のことまでも、いつも目をかけていただいております。もしこの病院の院長さんが高橋先生でなかったら、どうなっていただろうと考えますと、夜も寝《ね》られなくなりそうです。わたしらにとって、院長さんは神さまみたいな存在《そんざい》です。これまでほんとうにありがとうございました。またこれからも、わたしらをよろしくお願い申し上げます」と、涙《なみだ》を流して感謝のことばを房次に送ったのである。そして、房次に感謝状《かんしゃじょう》と記念品が手渡《てわた》された。

これに対し房次は、病院の創設《そうせつ》に尽力した職員《しょくいん》の名前をあげて、その功績《こうせき》をたたえるとともに、今日《こんにち》あるのは地域《ちいき》の人たちから寄《よ》せられる温かいご支援《しえん》によるものですと、感謝の気持ちを述《の》べ、

「これからも、いつでも病院に遊びにきてください。体の続く限《かぎ》り、妻《つま》や家族とともに医者としての務《つと》めを果たしていきます」

と、心をこめたことばで結んだ。

公立病院だからといって威張《いば》ったお役人のような態度《たいど》とは正反対で、院長の房次は、お願いすれば時間に関係なくいつでも往診してくれる。治療券《ちりょうけん》以外はなにも請求《せいきゅう》しない。治療券を持たないときでも診《み》てくれる院長の診療姿勢《しんりょうしせい》に、コタンの人たちは心をひとつにしてお礼を言いたかったのだ。院長への謝恩会は地域の人たちの熱い信頼《しんらい》の証《あか》しであることを、房次は十分承知《しょうち》していた。この日ばかりは心を許《ゆる》して喜びにひたっていた。

長男の死

ところで、精力的《せいりょくてき》に診療をこなす高橋房次だったが、家庭内で大きな不幸におそわれたのである。

父親の大きな背中《せなか》を見て育った長男晃磨《てるまる》と、四歳違《さいちが》いの次男の昭《あきら》。ともに父と同じく医者の道を志《こころざ》し、東京高等歯科医学校（現在《げんざい》の東京医科歯科大学の前身）に進学した。二人《ふたり》とも、父の小児科・内科医ではなく歯科医の道を選んだのである。

長男晃磨へ託《たく》す房次夫妻《ふさい》の思いは、ことのほか熱かった。甥《おい》の高橋荘吉《そうきち》はこう語る。

「伯父《おじ》は、長男と次男とでは教育方針《ほうしん》が格段《かくだん》に違《ちが》っていました。とくに長男の晃磨に対しては、一番になれ一番になれと、思いをこめて激励《げきれい》しておりました。ところが、次男の昭には、それほど強く言っておりません」

房次の心には、ミサヲとの初めての子を里子に出した後悔《こうかい》がずっとあったのではないだろうか。その子の分まで愛を注ぎ、頑張《がんば》って世の中の役に立つ人間に育ってほしいと、ことさら長男に希望を託したのではないだろうか。

その晃磨は、父の強い思いに応《こた》えるため「寝食《しんしょく》を忘《わす》れて」勉学に励《はげ》み、大学を二番の成績《せいせき》で卒業した。房次夫妻の理想の長男は、見事に期待に応えてくれたのである。喜びもひとしおであった。

晴れて歯科医となった晃麿は、横浜《よこはま》で開業するための準備《じゅんび》を進めていた。そんなおりに体調を崩《くず》したのである。次男昭の妻タカは、

「開業の間際《まぎわ》でしたね。結核《けっかく》をわずらい、肝硬変《かんこうへん》が急性《きゅうせい》だったようで、白老に帰って療養《りょうよう》していたのですが、間もなくして旅立ってしまいました」

晃麿は故郷《こきょう》白老に戻《もど》り、病床《びょうしょう》に伏《ふ》したまま帰らぬ人となった。

房次が、栃木《とちぎ》にいる実弟に長男の訃報《ふほう》を知らせる電報《でんぽう》を出した。

「テルマル　シス」

訃報を受けて送った弟の電報。

「アイトウ　ニ　タエズ」

兄弟同士の短いやりとりのなかに、房次の息子《むすこ》への深い愛と、息子を亡《な》くした兄を心からなぐさめる弟の思いが感じられる。

昭和十一（一九三六）年五月二十日、高橋晃麿は二十四歳の若《わか》さで逝《い》った。葬儀《そうぎ》は自宅《じたく》で

40代のころの房次《ふさじ》と晃麿《てるまる》

行われ、遺体《いたい》は近親者や友人などが乗った三台の自動車に付き添《そ》われて苫小牧《とまこまい》の火葬場《かそうじょう》に送られていった。葬儀には村長をはじめ村会議員、小学校長ほか三〇〇人あまりが詰《つ》めかけ、白老村としてはかつてない大規模《だいきぼ》な葬儀となったことを、室蘭《むろらん》毎日新聞が報《ほう》じている。

高橋タカはこう語る。

「アルバムを見ながらおばあちゃんにうかがいましたが、晃麿さんはとてもハンサムな容貌《ようぼう》で、まるで映画俳優《えいがはいゆう》のようでしたよ。頭もよく芸術《げいじゅつ》にもたけ、すばらしい才能《さいのう》をもった方のようでした。親も自慢《じまん》の息子と思っていたようでした」

書斎《しょさい》で男泣きする房次は、

「晃麿を追いつめたわしが悪かった」

と、ひとり唇《くちびる》を噛《か》みしめる。

「亡《な》くなるべくしてなくなったのは、自分のせいだった」

と、台所で嘆《なげ》き続けるミサヲ。高橋家の〝希望の星〟であった長男の死は、房次とミサヲの心に深いきずを残すことになった。

庁立病院の閉鎖《へいさ》と「高橋医院」で再出発《さいしゅっぱつ》

昭和十二（一九三七）年三月、「旧《きゅう》土人保健《ほけん》法案」が通過《つうか》した。それによって北海道庁は、福祉政策《ふくしせいさく》でアイヌの人たちの救済《きゅうさい》に対応《たいおう》できるため、庁立病院は役割《やくわり》を終えたとして廃止《はいし》を決めた。廃止にともなって、院長の房次も職《しょく》を解《と》かれることになる。

房次は、アイヌの人たちの健康維持《いじ》を目的としていた病院だっただけに心残りもあったが、北海道庁の決定したことなので受け入れざるをえなかった。

ただ、コタンの人たちや町の人たちは穏《おだ》やかではなかった。

「院長先生がいなくなるってほんとうか」

長い間診てもらっていたコタンの人たちや村民に衝撃《しょうげき》が走った。

「わたしらを診てくれる病院がなくなったら、これからどうすればいいの」

「院長先生に診てもらえなくなるのか」

だれもが不安を抱《いだ》いた。日ごろ房次と親交の厚《あつ》かった雑貨店《ざっかてん》を経営《けいえい》する伊東軍治《いとうぐんじ》らが、村の一大事とばかりに役場に働きかけて、病院のその後の対策《たいさく》に乗り出した。そのなかに二十三歳で白老漁業協同組合に勤《つと》めたばかりの野村義一《のむらぎいち》もいた。後のウタリ協会（現在のアイヌ協会）理事長である。

その野村が病院の土地や建物はどうなっているのか村役場に尋《たず》ねたところ、役場では知らないとの返答であった。道庁を訪《たず》ねて調べてみると国有地であった。そこで野村は、財《ざい》務《む》局《きょく》に出向いて、院長高橋房次のこれまでの仕事ぶりなどを、新聞や雑《ざっ》誌《し》に載《の》った切抜《きりぬ》きを見せて説明した。そして、病院の土地の払《はら》い下《さ》げを願い出たところ、財務局は房次の偉《い》業《ぎょう》に感激《かんげき》して払い下げの手続きをしてくれたのである。

三〇〇坪《つぼ》ある病院の敷地《しきち》は払い下げてもらうことにしたが、房次にお金はない。役場の河合海之助《かわいかいのすけ》助役（かつての青年団《せいねんだん》の中心人物）に相談をしたところ、その河合が土地代金を払《はら》ってくれることになった。病院の建物は登記していなかったため、無償《むしょう》で房次に譲《じょう》渡《と》されることになった。

こうして、地元の人たちの尽力で房次は病院を確保《かくほ》でき、同年四月一日、「高橋医院」として再出発することができたのである。

「院長さんに少しでも恩返《おんがえ》しができれば」

との多くの人たちの思いが結実して、高橋医院が誕生《たんじょう》した。日ごろ治療費を請求しない房次への恩返しのつもりである。再出発にあたり、房次を慕《した》う人たちが酒やつまみを持《も》ち

旧白老《きゅうしらおい》病院は「高橋医院」として再出発《さいしゅっぱつ》した。8ページの写真とくらべると，植木が大きく育っているのがわかる

寄《よ》って病院に集まった。診察《しんさつ》室に座《すわ》りこみ、お祝い会となった。

「院長先生、ひとことお願いします」

だれもが房次の笑顔《えがお》を期待して見守った。

「金のないのを自慢してもしょうがないが、みなさんのご尽力でまた聴診《ちょうしん》器を持つことができました。これからもみなさんのために働かせてもらいます」

期待に反して、いつになく神妙《しんみょう》な房次の表情《ひょうじょう》に、老人が声をあげた。

「院長さんの注射《ちゅうしゃ》は効《き》くからね、ありがたいです」

思いがけないひと言で、診察室は笑いに包まれた。

野村義一は病院の近くに住んでいたこと

もあり、早くから高橋家と家族ぐるみの付き合いをしていた。義一の妹が病院を手伝《てつだ》い、母親が病院の敷地の草取りなどを買って出るなど、野村家はなにくれとなく高橋家の世話を焼いていた。

次男昭の結婚《けっこん》

次男の昭は、兄の後を追いかけるように東京医科歯科大学に学んだ。卒業して間もなく召集《しょうしゅう》された。晃麿の突然《とつぜん》の死からほどなくして、今度は召集令状《れいじょう》が届《とど》き、房次の手元から次男が引《ひ》き離《はな》された。房次の心は一層《いっそう》重くなった。

昭は終戦とともにシベリアに抑留《よくりゅう》され、無事に帰還《きかん》したのは昭和二十四（一九四九）年の暮《く》れであった。

翌《よく》二十五年六月、白老村は北海道大学病院の協力のもとに、白老村立国民健康保険診療所《こくみんけんこうほけんしんりょうじょ》（現在の白老町立病院）を開設した。開設に先立って村役場は、真っ先に房次に所長をお願いした。しかし房次は、個人《こじん》の医院としてやってきただけに、いまあらためて公立病院の所長となることは自分の信条《しんじょう》にそぐわないとして断《ことわ》った。房次と親交のある村の有力者らも房次の説得にひと役買ったが、房次は首を縦《たて》にふらなかった。

ふるさとに戻った昭が歯科医であったこともあり、房次先生がだめならせめて息子の昭を村立病院に迎えることで、これまでの房次の恩《おん》に少しでも報《むく》いることができると、診療所に翌年歯科が設《もう》けられた。

村立保険診療所の歯科医として勤務《きんむ》した昭は、昭和二十七（一九五二）年に診療所の同《どう》僚《りょう》の紹介《しょうかい》で、元岡《もとおか》タカと結婚した。タカの実家は伊達《だて》町の造《つく》り酒屋《ざかや》。タカは伊達の商店街協同組合事務局《じむきょく》に勤めていた。

昭とタカ夫妻《ふさい》は高橋医院に同居《どうきょ》した。翌年《よくねん》、孫の岳《がく》が誕生した。高橋家は、房次夫妻と長女で看護婦《かんごふ》として手伝っていた狭野子《さのこ》、昭夫妻に孫の岳が新たに加わり、喜びでにぎわった。

昭は、昭和二十八年二月に三代目診療所長となったが、開業医の道をめざして退職《たいしょく》、半年後に村内に歯科医院を開業した。医療費《いりょうひ》を請求しない父の後姿《うしろすがた》を見てきたため、昭の歯科医院も治療費は最低限《さいていげん》の料金であった。税務調査《ぜいむちょうさ》に訪《おとず》れた職員が高橋歯科の治療費を見て、自分も診てほしいと希望するほど良心的な額《がく》であったという。

昭夫妻は、白老駅近くの大町に歯科医院を開業すると高橋医院から引越《ひっこ》した。長女狭野子が両親の日常《にちじょう》の世話をすることになり、タカも両医院を往復《おうふく》する毎日となった。

高橋家の生活費は、開業後も昭がまかなっていた。外来を診る房次の薬剤《やくざい》などの仕入れも、細々ながら昭がみていた。

「おじいちゃんは、お金に関してはからっきし関心をもたなかったですね。銀行の通帳など見たこともありません。お金には不自由していたはずですが、調剤《ちょうざい》する薬の仕入れもどうしていたのでしょうか。注射薬や調剤薬もちゃんと用意しておりましたから、どうやって仕入れていたのでしょうね」

と、タカは回想している。

7 普段着《ふだんぎ》の院長さん——現代版《げんだいばん》「赤ひげ」

座布団《ざぶとん》はいらない

白老《しらおい》に赴任《ふにん》して間もない冬、午前中に来院した老婆《ろうば》の容態《ようだい》が気になり、コタンの家を訪《たず》ねたときのことである。房次《ふさじ》は、家に寝《ね》かされていた老婆を診《み》るため家の中にあがりこむと、老婆の傍《かたわ》らで脈拍《みゃくはく》や血圧《けつあつ》を測《はか》った。家の主人が、妻《つま》に耳打ちをして家を出ていった。

房次は、主人がいなくなったことに気づいていたが、それよりも老婆が帰宅《きたく》してからの様子のほうが知りたくて妻に尋《たず》ねていた。そこへ、主人が玄関先《げんかんさき》から両手で抱《かか》えこむようにしてむしろ包みを運び入れた。主人は頭から雪をかぶっていた。

主人は、むしろから座布団を取り出すと、房次の前に差し出した。

「院長さん、どうぞ座布団を敷《し》いてください」

どこへ行ったのかと思っていた矢先、コタンを走り座布団を借りてきた主人を見た房次は、少し声を張《は》り上《あ》げた。

「わしのためにわざわざ座布団を借りにいってきたのかい」

「はい、エカシ（長老）の家まで走っていってきました」

「わたしは座布団に座《すわ》るために来《き》たのではない。このおばあちゃんの容態を診にきているのだよ。医者だからといって余計《よけい》な気づかいは一切いらない。そんなことよりおばあちゃんや家族の健康面に気をつかいなさい。二度と座布団など用意しないでほしい」

房次の強い口調に、夫婦《ふうふ》は申《もう》し訳《わけ》なさそうにうなずいた。

「余計な気づかいはいらないからね。おばあちゃんを大切にするんだよ」

と笑顔《えがお》を見せると、房次は家を後にした。

病人の枕元《まくらもと》で座布団がないのは失礼だと思って借りに走った亭主《ていしゅ》の行動は、善意《ぜんい》での行動であっただろうが、貧《まず》しい人たちに座布団の心配までさせることはできない。余計な気づかいをさせたくない。病人を診るために訪ねているのだから、と房次は思った。

——座布団があろうがなかろうが、そこまで気をつかわせることになるのなら、どこにあがろうと、今後、一切座布団には座らない。

貧しい家でも富《と》める家でも分《わ》け隔《へだ》てなく座布団には座らないことを、房次が生涯貫《しょうがいつらぬ》き通《とお》すことになるのは、この一件《いっけん》からであった。

房次は、明日《あす》の生活費にも窮《きゅう》する家庭において、来客用の座布団を用意する余裕《よゆう》などないことは承知《しょうち》していた。頑固《がんこ》なほどの一途《いちず》さを見せたところから偏屈《へんくつ》と見る人もいたが、房次は座布団を敷くのを終生拒《こば》み続けた。

思いやり

房次は、朝でも深夜でも、時間に関係なく精力的《せいりょくてき》に往診《おうしん》に歩いた。吹雪《ふぶき》であろうが、雨が降《ふ》っていようが、自分の生活をさておいても往診を優先《ゆうせん》させた。しかも、往診料を受け取らなかったのである。

午前中に外来の患者《かんじゃ》を診察《しんさつ》した後、患者の容態が重いと診たときは、本人にはくわしいことは語らないで、頼《たの》まれなくても午後に往診した。

「ちょっと様子を見にきただけだよ」

と、房次は寝《ね》ている患者の胸《むね》に聴診器《ちょうしんき》をあて、熱を測りながら手首に手をあてて脈拍をとる。家族には帰宅後の様子も尋ねる。

「また来《く》るから」

と言い残して帰るが、容態が気がかりなときは夜になってからも訪ねた。

「ちょっと気になってな」

と患者の体調を診た。主人が手の施《ほどこ》しようがないという場合には、

「顔を見せる人がいたら早いうちに呼《よ》んであげなさい」

帰り際《ぎわ》にぼそりと妻に告げる。夫の容態から覚悟《かくご》はしていたものの、さりげない房次の心づかいに妻は頭を下げた。


肺結核《はいけっかく》の患者などは栄養をつける必要があるのだが、房次は普段《ふだん》から患者の暮《く》らしぶりを見ているだけに、栄養のあるものを食べさせるようにと口に出して言えない。往診の帰り際に、玄関先でカバンの中からバナナを取り出すと、

「これもらいものだけど、よかったら食べさせてあげなさい」

といって、土間のあがりがまちに置いて外に出る。「先生……」とことばをかけるすきもないほど、房次の行動は素早《すばや》い。少しでも栄養をとれるようにと、往診カバンにバナナを忍《しの》ばせていたのである。

吹雪の馬そり往診

房次は吹雪でも往診に出かけていった。ある深夜、四キロ以上もはなれた社台《しゃだい》の農家から馬そりで迎《むか》えにきた。玄関《げんかん》の戸がたたかれた。

「先生、うちの母が熱を出して苦しんでいるので診ていただけませんか」

丹前姿《たんぜんすがた》で起きてきた房次は、嫌《いや》な顔も見せずに容態を聞いた。

「わしが馬そりで出かけるから、あんたはここで待っていなさい」

房次は急いで身支度《みじたく》を済《す》ませると、往診カバンを手にオーバーコートを羽織《はお》って、玄関先の木につないである馬のたずなを解《と》いてそりに乗った。気合をこめて馬を走らせ、吹雪の闇《やみ》に向かった。ミサヲは、迎えの人を居間《いま》のストーブの傍らに招《まね》いてお茶を出した。四キロの道のりを往復《おうふく》するため、房次が戻《もど》ったのは翌朝《よくちょう》であった。

「戻ったよ」

声をかけて玄関先に立つ房次を迎《むか》えたミサヲは、声をあげた。房次は髭《ひげ》が白く凍《こお》りつき、頭から足元まで全身雪をかぶっていたのである。

「雪だるまが立っている」

「すぐ調剤《ちょうざい》するから」

房次は妻の冗談《じょうだん》にことばを返すこともなく、診察室のちっぽけな電気スタンドを点《つ》けると、薬品棚《だな》に向かって薬を用意した。居間で待機していた亭主に声をかけた。

「応急《おうきゅう》手当てはしてきたから。熱を抑《おさ》える薬を用意したので、帰ったらお母《かあ》さんに飲ませなさい」

房次もストーブに手をかざしながら言った。

「お母さんにやさしくしてあげなさい」

「先生、ありがとうございます」

房次のことばの意味を察した亭主は、涙《なみだ》を浮《う》かべて頭を下げた。亭主は薬を持って帰っていった。二日後の朝、馬そりで来た亭主が診察室に顔を出した。

「先生、先《せん》だっては夜遅《おそ》くにありがとうございました。おふくろは今朝《けさ》息を引き取りました。死亡診断書《しぼうしんだん》を書いていただきたくって」

「わかった、すぐ出かけよう」

房次は白衣の上からオーバーコートを羽織ると、亭主の馬そりに乗って出かけた。

雪の中を往診《おうしん》に行く房次《ふさじ》（撮影／掛川源一郎）

厳粛《げんしゅく》な死の枕辺《まくらべ》で遺族《いぞく》を励《はげ》ます

人間の命の終わりの瞬間《しゅんかん》は、とても厳粛なものである。心をこめて患者の旅立ちを見守るのが医者の務《つと》めであると、房次は謹《つつし》みをもって最期《さいご》をみとった。聴診器を胸にあて、腕時計《うでどけい》で時間を確認《かくにん》したあと、房次は家族などを枕元に集めてから、話し始めた。

「いま、みなさんはお父《とう》さんの死を悼《いた》んで涙を流しておられますが、黄泉《よみ》の世界に旅立ったお父さんの魂《たましい》を思うとき、ご遺族や肉親の方々が力を合わせて頑張《がんば》って生きていただくことが、故人《こじん》の最大の望みなのです。召《め》された故人の遺志《いし》のとおり、みなさんのいのちは生きることが使命ですから、どうか故人のいのちを継《つ》いで楽しく生きてください」

房次は、故人の枕元で遺族に深々と頭を下げてから、ゆっくりと立ち上がった。房次の背中《せなか》に、それまでのすすり泣きにかわって、場所をはばからない大きな泣き声が届《とど》いた。

「院長先生、ほんの気持ちですが……」

と、後姿《うしろすがた》を追いかけてきた遺族が紙包みを差し出した。房次は手で押《お》しやり、黙《だま》って玄関を出ていく。

「院長先生……」

往診料も死亡診断書の手数料も、房次は一切請求《せいきゅう》しない。き然《ぜん》としてそれらを拒否《きょひ》する房次の姿勢《しせい》は、いつのときも変わらなかった。

あいさつしてくれる院長さん

戦前、町や村の鳥居《とりい》のある場所へ行ったら、必ずお辞儀《じぎ》をしなければならなかった。また、村長や警察署長《けいさつしょちょう》、駅長などに会ったら、必ず「こんにちは」とか「こんばんは」と頭を下げてあいさつするように、と道徳《どうとく》として教えられていた。

村長などは、あいさつをされたからといって、頭を下げてくれない。ところが、院長先生に会ってあいさつをしたら、ちゃんと帽子《ぼうし》をとって頭を下げてくれたと、子どもたちの間で噂《うわさ》になったことがある。

房次が自宅《じたく》に顔を出そうものなら、

「院長さんが来た！」

といって子どもたちは、喜びいさんで親に知らせる。親子で房次にあいさつする光景は、白老の人たちの房次への信頼度《しんらいど》の高さを示《しめ》すものでもあった。人情味《にんじょうみ》、親しみ、思いやりのある「やさしい高橋房次像」が子どもたちに定着していた。

町を歩く房次（撮影／掛川源一郎）

「院長さんが来た！」と、子どもたちに喜ばれる房次は、そんなふるまいを見せる子どもと家庭の関係をこうときあかす。

「親の心や家族の心というものは、その家の子どもの態度《たいど》を見れば一目でわかるものだ。家庭みんながわたしに尊敬《そんけい》の気持ちをもっていればな、玄関先に立つだけで、一瞬《いっしゅん》で理《り》解《かい》できるものだ。日ごろからわたしの行いに感謝《かんしゃ》している家では、子どもたちが『院長さんが来た！』と、跳《と》び上《あ》がって家人に伝える。親がわたしのことを悪く言っていたら、決して子どもは口に出さないものだよ」

子どもに好かれる院長さん

房次は、子どもと話すときには、どの家の子どもに対しても、子どもの目線に合わせて身をかがめて語りかけた。子どもの目を見て話しかけていた。子どもの人格《じんかく》を大切にして接《せっ》し、子どもの心に寄《よ》りそうように語りかけるのが、房次の一貫《いっかん》した姿勢であった。

「おじいちゃんはね、子どもさんと話をするときも、子どもの背丈《せたけ》に合わせてしゃがみこみ、子どもの目を見つめながら話をする人でした。ですから、子どもたちにもとても好かれておりました」

タカは、房次が子どもの目線に合わせて接していた姿《すがた》を語る。

「しっかりと目を見て話す人でした」

往診の帰途《きと》、外で遊ぶ子どもたちが房次の姿を見つけると、

「院長さん、院長さん」

と叫《さけ》びながら走り寄《よ》って、房次の手を取る。

「今日《きょう》、かあちゃんがいるから寄っていってよ。あがってください」

房次は、逆《さか》らうことなく子どもの好意を素直《すなお》にうけ入れ、玄関まで手を引かれていく。

いやな顔を見せずに、子どもの気持ちをくんでおじゃまするのだ。

「体の調子はどうだね。せっかくだから、お茶をごちそうになろうかと思ってな」

房次の姿を見た母親も、笑顔で家に迎える。子どもは母親のひざの上にちゃっかりとのる。母親は、お茶も入れられないから離《はな》れなさい、といって子どもを追《お》い払《はら》おうとする。

「おまえは外で遊んでいなさい。かあちゃん、院長先生に大事な話があるんだから」

「院長さんに大事な話ってなにさ」

「うるさいわね、おとなの話だから、とっととお行き」

「へっ」

とばかり、子どもは舌《した》を出して玄関に走っていった。

「まったく、キモの焼ける（じれったい）子だよ」

「子どもは元気なほうがいい」

房次は、母親の健康状態《じょうたい》や亭主の体調などを聞きながら、世間話にひとときを費やし、お茶一杯《ぱい》で引き上げるのを常《つね》としていた。

医院に戻った房次は、問わず語りに、

「いやー、〇〇の子どもに手を引っぱられてな、ちょいとお茶をごちそうになったよ」

と、家族にひとり言のように話す。子どもに手を引かれたので「仕方なく」といいつつも、お茶をごちそうになりながら、さりげなく健康状態を確《たし》かめていた。房次がひそかに務《つと》める「町の主治医」の面目なのである。

「子どもの人格をちゃんと認《みと》めて接してきた人ですから、おとなだから、子どもだからという分け隔ては一切しませんでしたね」

タカの回想である。

ユーモアとおしゃれ

知識《ちしき》をひけらかすような話し方は一切しない。要点をずばりいうだけ。それで話を終える。話が横道にそれることはなかった。短く適切《てきせつ》なことばづかいで要点だけ話していた。耳を集中しなければ聞き取れないほど、ぼそっと話した。タバコを吸《す》うためか声も透《す》き通《とお》っていなかったが、話の中身はとてもユーモアにあふれ、思いやりのあるものであった。心から相手を思って話すひと言ひと言に愛情《あいじょう》がこもり、やさしく語りかけてくる。

「曲がったことが大嫌《だいきら》いで、傍目《はため》には頑固なおじいちゃん」とも映《うつ》る。こうと思ったことは、とことん貫《つらぬ》く。頑固といっても、他人に誤解《ごかい》を抱《いだ》かれるようなことはなく、いつも真っすぐに過《す》ごしていた。

また、房次はひそかにおしゃれを楽しんでいた。タカは、房次のおしゃれは素敵《すてき》だったと語っている。

「おじいちゃんはとてもおしゃれな一面をもっていましたよ。夏には半そでの白いシャツを着るんです。これは、だれそれさんに仕立ててもらったものだと、ちゃんと保管《ほかん》してある場所を覚えていて、いつもそれを着て歩いていましたね。洋服でも好きな服しか着ません。着こなしが上手《じょうず》でして、ポイントをちゃんと知っていて着こなすんです。ソフト帽《ぼう》をかぶるときにも、少し斜《はす》にかぶるとかっこいいのだとね。とくに見えないところに気をつかう感覚がとても素敵でした」

房次は、いつも同じものを着ていたというが、気に入った洋服や着こなし方のうまさは際立《きわだ》っていたという。

料理上手な院長さん

「院長さんは、治療《ちりょう》費代わりに魚を持っていけば喜んでくれましたよ」

近所の人たちは、房次が治療費を請求しない気持ちに報《むく》いようと、野菜や魚を毎日医院に持ちこんだ。漁師《りょうし》が多いこともあって、その日にとれた魚介《ぎょかい》類が多く届《とど》けられた。

「院長さん、タコとれたんで持ってきたよ」

と夕刻《ゆうこく》に玄関先で声がすると、房次は白衣のまま顔を出し、

「おおそうかそうか、ありがとう」

と笑顔でゆでたてのタコを手にする。診察室に続く台所に持っていくと、まな板を出して自分で刺身《さしみ》にした。

囲炉裏《いろり》の炭をかきまぜて火をおこすとヤカンをかける。銚子《ちょうし》に日本酒を注いで燗《かん》をつけた。

「おじいちゃん、わたしがやりますよ」

とタカが手を出そうとすると、

「自分でやる」

といって、タコの刺身を皿にのせて炉《ろ》ばたに腰《こし》をおろし、燗がつくのを待ちながら刺身をほおばる。孫の岳《がく》が房次の姿を見つけて膝《ひざ》に乗ると、よしよしとばかりにタコを孫の口に入れる。

「おじいちゃん、おいしいね」

という孫のことばに、房次はにっこりとほほ笑む。燗の加減《かげん》をみてはぐいのみに注いで手《て》酌《じゃく》を楽しんだ。孫とのたわいのない会話に、おじいちゃんのえびす顔がのぞく。

タカは、料理上手な房次の様子をこう語る。

「とても料理の上手なおじいさんでね、毎日のように白老の浜《はま》でとれた魚を持ってきてくださる患者さんの好意に、とても喜んでおりまして、医院での外来の診療《しんりょう》を終えるや

房次と岳《がく》（撮影／掛川源一郎）

否や、白衣を脱ぎ捨てるようにして台所に立ち、魚を調理するのです。お酒が大好きでしたから、酒の肴《さかな》にと刺身にしたり、煮物《にもの》にして夕食のおかずにしたりと、とても腕《うで》の立つ後姿をみておりましたよ」

新鮮《しんせん》な魚を刺身にして日本酒を飲む。房次の最も幸福な瞬間でもあった。もちろん、時間外に医院を訪《おとず》れる人がいれば、途中《とちゅう》で席を立って診療にあたり、手当てを終えると、その人も酒の席に招きいれて一緒《いっしょ》に飲む。

「お酒は好きでしたが、強い酒は飲まなかったですね。夕食のときもお刺身をつまみながらお酒を飲みますが、二杯なら二杯と決めており、それを飲んだらご飯を食べて切り上げていましたね。長く飲む人ではなかったですね」

夜に往診を頼まれることが多いため、自制《じせい》していたのである。

「自分に厳《きび》しい人でしたから」

息子《むすこ》の嫁《よめ》として身近に接していたタカの目には、日常《にちじょう》生活での房次のぶれのない精神《せいしん》力《りょく》が、印象深くとらえられていた。

房次の晩酌《ばんしゃく》はつつましいものだった（撮影／掛川源一郎）

愛犬チビと院長さん

若《わか》いころから房次の変わらぬ習慣《しゅうかん》がある。昼には決まって三〇分ほど寝て体を休めていた。午前と午後とで二日分にして使える、という房次流の合理的な体調管理である。午後は毎日欠かさず往診していた。房次は患者の家に足を運び、茶をごちそうになりながら患者の体調を聞いていたが、一軒《けん》の往診は長くても一〇分ほどで切り上げていた。

房次は週二回、登別《のぼりべつ》への往診を欠かすことがなかった。一・五キロほどある白老駅まで、夏場は自転車、冬場は歩いて通った。自転車の荷台に往診カバンを自転車のチューブで固定し、愛犬チビに声をかけて一緒に走っていく。高砂《たかさご》町から白老コタンの入口に建つエカシ（長老）のチセ（住居《じゅうきょ》）を曲がり、泥《どろ》んこ道の国道をゆっくりと北に走る。チビの足に合わせて、房次はゆっくりとこいでいく。

自転車に乗る中折れ帽子に白の開襟《かいきん》シャツ姿の房次を見つけると、だれかれとなく町の人の声がかかる。

「院長さん、どちらへ」

「先生、こんにちは」

「往診ですか、院長さん」

房次の姿を見ただけで、救われたような笑顔を浮かべる町の人たち。房次も帽子に手をやって会釈《えしゃく》を返す。それは、院長さん独特《どくとく》のスタイルであった。

ときには、背筋《せすじ》を曲げたまま立ち止まっている老婆がいると、房次は自転車を降《お》りて老婆の顔にめがねを近づけて問いかける。

「その後元気かい」

「院長さん、おかげさまでね、具合よく生きさせてもらってます」

「そうかい」

房次は、老婆の背中をいたわるようにそっと手でさすってから、自転車を再《ふたた》びこぎだす。その間、チビはご主人の背後《はいご》でお座《すわ》りの姿勢を続けて待っている。決してほえない。房次はチビの姿を確かめてから声をかけ、自転車を走らせた。

夏の午後の陽射《ひざ》しは少しも遠慮《えんりょ》しない。房次は後ろポケットに扇子《せんす》を挿《さ》している。駅前の駐輪場《ちゅうりんじょう》に自転車を止めてから、扇子を手にしてあおぐ。木造《もくぞう》の年季の入った駅舎《えきしゃ》の玄関先でチビに声をかける。

「じゃ行ってくるぞ」

房次の声にチビは尻尾《しっぽ》をふってこたえる。それから、軒先《のきさき》の日かげにちょこんと座る。

チビが房次の帰りを待つ場所は、いつも決まっていた。

房次が登別まで往診する日は、決まって午後十一時の終列車での帰還《きかん》となる。

扇子をあおぎながら、往診カバンを左小脇《こわき》に抱《かか》えながら改札を出てくる主人の姿を見つけると、チビが尻尾をふって膝にからみつく。蒸気《じょうき》機関車の煙《けむ》る余韻《よいん》を背中に受けながら、房次はチビの背中をさする。房次は、自転車の荷台に往診カバンをくくりつけると、チビを従《したが》えて自転車を走らせる。ペダルを踏《ふ》むたびに、いくらか涼《すず》しくなった夜の風がほおをなでていく。大町商店街の明かりがとだえ、ほの暗い街灯の下を自転車で走ると、ねっとりした魚臭《ぎょしゅう》とともに潮《しお》の香《かお》りも漂《ただよ》ってきた。


登別往診時のチビと房次の〝ランデブー〟については、高橋タカがこう話す。

「チビは野良《のら》でした。やわらかいものばかり食べさせていたせいで、出っ歯になっていましてね、チビという名前とはうらはらに大きかったですよ。おじいちゃんの往診には、ちゃんと白老駅で待っておりましたからね、忠犬《ちゅうけん》ぶりがかわいかったでしょうね。おじいちゃんは動物が好きでね、ガチョウやアヒルも飼《か》っておりましたよ」

房次が飼うガチョウたちは「町の名物」、と語る人もいた。というのも、毎朝六時ごろになると決まってガァガァと鳴きだすため騒音《そうおん》となるのだが、院長さんのところのガチョウたちだと知っている町の人たちは、名物として見守っていたのである。特徴《とくちょう》のある鳴き声は白老駅前まで届いていた。

「院長さんとこのガチョウは、町の目覚まし時計《どけい》でしたね」

愛嬌《あいきょう》のあるガチョウは、「時の声」としても知られていた。

治療費の代わりに二羽《わ》のアヒルを置いていった人がおり、房次は喜んでもらいうけたという。そのアヒルが鳴き声をあげて医院の周りをかけまわる。

房次は水を張《は》ったタライを持ち出して、アヒルと遊んでいた。タライの水で愉快《ゆかい》に遊ぶアヒルの姿に、房次は目を細めていた。その場に居合《いあ》わせた野村義《のむらぎいち》が、

「院長さん、にぎやかなアヒルですね」

と声をかけると、

「食べられないよ。ほしかったらあげるよ」

野村は笑ってとりあわなかったが、結局その後、野村がもらって育てることになった。

8　房次流《ふさじりゅう》「医の心」

「無私《むし》」の心

高橋家の床《とこ》の間《ま》の壁《かべ》に、一枚《まい》の額《がく》がかけられている。房次自らが毛筆で書いた「無私」の文字《もじ》である。

「無私」の心とは、欲や得などの「私心《ししん》」がなく、だれに対しても分け隔《わ へだ》てなく接《せっ》する姿勢《しせい》を意味する。房次がたどり着いた医師《いし》としての心がけであった。房次に無私の心で医《い》療《りょう》を続けさせる力となったものは、なんであっただろうか。

房次の実家の菩提寺《ぼだいじ》は真言宗《しんごんしゅう》である。その教えに影響《えいきょう》を受けたのではないだろうか。真言宗を開いたのは弘法大師空海《こうぼうだいしくうかい》である。その教えのなかに、「名誉《めいよ》も金もすべて捨《す》ててしまえば、個々《ここ》のものに対するこだわりをもたない世界が開ける」というものがある。空海の説くこの「捨てる心」の教えに、房次の「無私」の心がつながってこないだろうか。

「個々のものに対するこだわりをもたず」に、だれかれの分け隔てなく、相手の目線に合わせて接する房次の心のもち方は、世間の考え方を超《こ》えていたが、より世間に近づいていく生き方である。

甥《おい》の高橋荘吉《たかはしそうきち》が、房次の心遣《づか》いについて、こんなエピソードを語っている。

戦争中のことである。家族も身寄《みよ》りもない身なりの貧《まず》しい老いた男が、一晩泊《ひとばんと》めてくれと高橋医院を訪《たず》ねてきた。房次の面倒見《めんどうみ》のよさをどこかで聞きつけてきたのだろう。房次夫妻《ふさい》は、使わなくなった入院部屋《べや》のベッドと食事を提供《ていきょう》し、その男を一晩《ふたばん》ほど泊めた。午後は往診《おうしん》に出かけるため、診察《しんさつ》室を留守《るす》にする房次の動きを見てとったのか、その男は診療《しんりょう》台の引き出しに入れておいた小銭《こぜに》を持《も》ち逃《に》げし、家人になにも告げずに行方《ゆくえ》をくらませてしまった。

不幸な姿《すがた》を見せてあわれみを請《こ》い、他人の善意《ぜんい》につけこむ。あげくのはてにお金を盗《ぬす》んで姿をくらました男に、房次はひと言もうらみがましいことを言わなかったという。

房次が患者《かんじゃ》を診《み》る姿勢には、和人《わじん》とアイヌと分け隔てするようなことは一切ない。むしろ、そのことに驚《おどろ》かされたという人が多い。

「わたしらの町では、医院などに行くとアイヌと和人と区別しておってな、別々の部屋《へや》で待たせておくんじゃ。アイヌの患者は土間のような場所に待たされ、和人は畳《たたみ》部屋とまあ極端《きょくたん》じゃ。アイヌが朝から診てもらいに行っても、夕方まで待たされてな。白老の院長さんは親切じゃったたな。旅からやってきた（遠いところから来《き》た）と言いましたらな、私《わたし》の顔をじっと見つめてな、『よく来たよく来た』と言ってくれました。こういう先生がいるもんなのかと思いました。手をにぎられたときの右手の人差し指の温かさが忘《わす》れられんな」

リューマチや神経痛《しんけいつう》の名医だと聞きつけて、ほかの町からお年寄《としよ》りが房次のもとにやってくる。とりわけ、アイヌの人たちが房次の診察の姿に感激《かんげき》していた。

人間には裏《うら》も表もある

生活の貧しい人には治療《ちりょう》費などを請求《せいきゅう》しない房次の好意を利用して、支払《しはら》い能力《のうりょく》がありながら「高橋先生ならお金を取らないだろう」と、あえて払《はら》わずに診てもらう者もいたという。その話を伯父《おじ》から聞いた荘吉は、めずらしく食い下がった。

「伯父さん、どうしてそんな人にも請求しないの」

甥のことばに気を留《と》めるでもなく、房次は言う。

「人間には裏も表もある。人の心に手錠《てじょう》はかけられない。善意も悪意もどちらも顔を見せないからな。わたしの善意が上手《じょうず》に使われようとも、悪意は己《おのれ》の心の中に必ず沈殿《ちんでん》し、いつかは噴《ふ》きだすものだ。とるに足らぬことだ」

「伯父さん、少しは判断《はんだん》してもいいのでは」

「自分が食べていければいい」

背伸《せの》びすることなく、あるがままの生活に甘《あま》んじる房次は、善意を利用する者などは、とるに足らぬ者と考えていた。

やわらかい心と手

世間でいう「みすぼらしい老人」も、高橋医院に現《あらわ》れては施《ほどこ》しを受けていた。医院の勝手口にうずくまっている男に気づいたミサヲ夫人は、にぎりめしを作ってその男にあげた。房次も顔を見せるとしゃがみこんで、その場で食べている男に話しかけた。

「いつまでもこのようなことをしていては、人間がだめになるぞ。なにかなにか仕事はあるものだよ、いつでも相談にきなさい」

といい、さらににぎりめしと菓子《かし》を袋《ふくろ》に入れて手渡《てわた》した。男は頭を下げて立ち去った。

物乞《ものご》いをする男たちの姿をしばしば目にしている近所の人たちは、丁重に相手をする房次の姿に驚《おどろ》いていた。

病院に来《く》る人たちも一様ではない。心配ごとやちょっと気にかかる体調のことまで、よろず相談のような診察光景もあったが、房次はいやな顔を見せずに、まじめに対応《たいおう》していた。

「院長さん、わし、ふしぎに思っているんだが、いくら食べても太らんのですよ。どこか体の具合でも悪いのではと思いましてな、ちょっと診てくれませんか」

お年寄りは真顔で房次に尋《たず》ねる。房次はお年寄りの手をにぎって脈拍《みゃくはく》を測《はか》りながら、顔を近づけて語りかけた。

「あなたの心配ごとは、よくわかるよ。でもね、馬を見なさい、肥《こ》えている馬もいれば、細い馬もいる。馬だってそれぞれ体質《たいしつ》が違《ちが》うんだから、気にしなくていい。たくさん食べて、いっぱい体を動かすことが一番の薬だよ」

房次のささやくようなことばを耳にしたお年寄りは、にっこりと笑って診察室を後にした。

房次《ふさじ》に手をとってもらうと，だれもが安心した（撮影／掛川源一郎）

「手の肌《はだ》のやわらかさ」を記《き》憶《おく》する人も多い。学校医も引き受けていた房次は、定期的に小学校を訪《おとず》れて子どもたちを診察した。医者に初めて診てもらうため小さな心をふるわせる子どもたちを、まずは手をにぎって落ち着かせた。やわらかな房次の手の感触《かんしょく》が伝わると、子どもたちの表情《ひょうじょう》がやわらいだ。

「なにもこわいことないからね」

と笑顔《えがお》を向ける房次に、子どもも笑顔でうなずく。やさしい先生の評判《ひょうばん》は子どもたちの間に広まった。

反骨《はんこつ》の精神《せいしん》

房次は、理屈《りくつ》にあわないことには容赦《ようしゃ》なく怒鳴《どな》った。混《こ》み合っている高橋医院の外来に顔を出した主婦《しゅふ》が、用事があるため時間がなかったこともあって、診察室の院長さんに聞こえるように声をあげた。

「先生、ちょっと急ぐものですから、先に診てもらえませんでしょうか」

おうむ返しに、診察室の仕切り越《ご》しに怒鳴り声が届《とど》いた。

「お互《たが》いさまだ。みんな忙《いそが》しいんだ。そんなに急ぐなら用事を足してから来なさい！」

普段《ふだん》は静かに話す院長さんだが、このときばかりは怒声《どせい》がとんできた。


房次は、意味のない行動はとらない。人の道に反することには、妥協《だきょう》は一切許《ゆる》さない。房次の反骨精神は、晩年《ばんねん》まで健在《けんざい》だった。

房次は、週に二度ほど定期的に登別温泉《のぼりべつおんせん》まで往診に出かけるため、いつも登別―白老《しらおい》間の普通《ふつう》列車を利用していた。ある日の午後、いつになく車内が混み合っていたが、白老から乗車した房次は座席《ざせき》を確保《かくほ》していた。往診カバンを膝《ひざ》の上に置いていた房次が、ふと顔をあげたところ、近くに白髪頭《しらがあたま》の白老村長の姿を見つけた。高齢《こうれい》の村長に房次は声をかけた。

「村長、どうぞこちらに座《すわ》ってください」

房次の声に、村長は会釈《えしゃく》しながら近づいてきた。

「わたしはまだ若《わか》いから、村長、座ってください」

と、房次は席を立って譲《ゆず》ったのだが、村長は傍《かたわ》らに立つ三十代くらいの背広姿《せびろすがた》の男に気づかい、席を譲ってしまった。

若い男は、遠慮《えんりょ》することもなく、当たり前のような顔つきで、房次が座っていた席に腰《こし》を下ろした。村長を従《したが》える道庁《どうちょう》の役人のようであった。二人《ふたり》の行動を見ていた房次の表情が一変した。

「ちょっと待ってくれ、おい、そこに座ったおまえだよ。わたしはな、年上の村長の体を気づかって席を譲ったんだ。あんたに譲った覚えはない。せっかく敬老《けいろう》の気持ちで席を譲ったのに、村長よりずっと若いあんたが座るとはなにごとだ。さっさと席を立ちなさい」

あたりを威圧《いあつ》することばの響《ひび》きに、若い役人は渋《しぶ》い表情で立ち上がった。その視線《しせん》は村長に苦々しく向けられている。房次は、村長と若い男との関係を察したが、村長をうながした。

「さあ村長、座ってください」

所在《しょざい》ない表情の村長は、房次に言われるまま席に腰をおろした。

周囲が一瞬《いっしゅん》凍《こお》りついたが、ことの成り行きに納得《なっとく》した客たちは、房次の男気にホッと笑顔になった。

やさしい心くばり

平成七（一九九五）年、栃木県小山市在住《とちぎけんおやましざいじゅう》の主婦山本富子《やまもととみこ》は、高橋房次の評伝《ひょうでん》『アイヌ医療に尽《つ》くしたある医師の生涯《しょうがい》』を自費で出版《しゅっぱん》した。小樽市《おたるし》出身の彼女《かのじょ》は、白老町で働いており、偶然《ぐうぜん》にも高橋医院を望む家に下宿していた。晩年の房次の姿に何度も接していた。

同年、北海道新聞の「読者の声」欄《らん》に投稿《とうこう》して房次のことをつづったのだが、その記事を目にした読者から、山本へ手紙が届いた。山田《やまだ》シズという七十五歳《さい》の女性《じょせい》である。

「先生（高橋房次）は白老の名誉町民第一号で〝コタンのシュバイツアー〟として、村民はもとより近郷《きんごう》の多くの人々からも慕《した》われたお方で、風貌《ふうぼう》もこれぞ〝お医者さま〟というようなご立派《りっぱ》なお方でした。

私は苫小牧市《とまこまいし》で生まれ、五歳の秋から十六歳の秋までの一一年間を白老で過《す》ごし、その間何度か高橋先生のお世話になったことがございます。

親戚《しんせき》の者などは商売をしていた関係もあり、大家族でしたので、だれかが病気になってもその都度医療費《いりょうひ》を支払うのも大変だろうとの先生のおやさしいお心くばりから、一年にいくらと年払《ねんばら》いに決めていたようです」

支払い能力はある商家だが、大家族で診療の回数が多いため治療費を年払いで清算してはどうかと、房次が提案《ていあん》して払いやすい方法をとってくれたという。房次ならではの心くばりである。

偶像化《ぐうぞう》への反発――名誉町民第一号

房次が忌《い》み嫌《きら》うものに、偶像化（神様のようにありがたがられること）の行為《こうい》がある。房次は、自らの信念に基《もと》づいて地域《ちいき》医療に携《たずさ》わってきた。治療費などは一切請求しないし、受け取りもしない。余裕《よゆう》のある家庭や職業《しょくぎょう》の人でも、面と向かって請求しなかった。日々の暮《く》らしは、患者たちが治療費の代わりにと持ってくる野菜や魚で間に合った。しかし、その他の生活費や治療に欠かせない薬の仕入れは息子《むすこ》の昭《あきら》に世話になりながら、お金にも名誉にもこだわらない姿勢は徹底《てってい》していた。

「往診してもらっても、診察が終わるとさっさと帰ってしまう。往診料など出しても受け取らなかったですから、まいりましたね」

いまでも白老の町民の記憶に鮮《あざ》やかに刻《きざ》まれる、房次の診療姿勢であった。

しかし、一度でも房次の治療を受けて治療費を受け取ってもらっていない人たちは、とても心残りであった。そして、

「いつかきっと院長さんに恩返《おんがえ》しがしたい」

と、思っていた。

その機会がやってきた。

昭和二十九（一九五四）年十一月一日、白老村は白老町になった。翌年《よくねん》九月に「白老町名誉町民に関する条例《じょうれい》」が制定《せいてい》され、九月六日の白老町議会において、名誉町民第一号を高橋房次に送る議案が満場一致《いっち》で承認《しょうにん》されたのである。

この議決に至《いた》るまでが大変だった。なによりも、当の房次がなかなか受けると言ってくれなかった。だれもがこれまでの「院長さん」の功績《こうせき》に報《むく》いたいと思っていた。大正十一（一九二二）年より、アイヌコタンの人たちはもとより、多くの町民の健康を支《ささ》えてくれた房次の功績は、なによりも「名誉町民」にふさわしいとだれもが感じていた。

名誉町民条例の制定を進めたのは、初代町長の浅利義市《あさりぎいち》だった。議会では全員が賛意《さんい》を示《しめ》してくれた。あとは本人からの承諾《しょうだく》を取りつけるだけなのだが、「院長さん」の性格《せいかく》からして素直《すなお》には受けいれてくれないことは予想できた。正面から承諾を取りつけるのでは

なく、日ごろ房次との交友があり、信頼《しんらい》の厚《あつ》い町内の有力者から話を通してもらうことにした。

依頼《いらい》を受けた房次と親しい三人は、あらかじめ房次の在宅《ざいたく》を電話で確認《かくにん》してから、夕刻《ゆうこく》に医院の診察室に顔を出した。白衣を着たままの房次は、診察机《づくえ》の前で年季の入った椅《い》子《す》に背《せ》をあずけながら本を読んでいた。

「先生、おじゃましますよ」

ふり返った房次は、なじみの顔を見て笑顔で迎《むか》えた。三人は診察用の椅子に腰をおろし、それぞれにあいさつを交わした。すでに七十二歳の房次の髭《ひげ》にも白い毛が増《ふ》えている。

「どこか体の具合が悪いのか」

房次が、ぼそりと口を開いた。

「いえいえ、今日《きょう》は診察ではありません。ひさびさに先生のご機嫌《きげん》をうかがいにまいりました」

房次は立ち上がると、棟続《むねつづ》きの居間《いま》に顔を出して娘《むすめ》にお茶を注文した。

「先生、どうぞおかまいなく」

「お茶ぐらいしか出せないけど」

「じつは、折り入ってのお願いでございます」

この時期、房次のもとを訪れるのは、患者より相談事を持ちこむ町内の人たちが多くなっていた。コタンの長老たちも、院長さんの顔を見にきたといってはお茶をごちそうになり、昔話に花を咲《さ》かせるひとときが増えていた。房次はいやな顔を見せることもなく、親身に相談相手になっていた。

三人は率直《そっちょく》に語りかけた。

「町になったのを機会に、先生に白老の名誉町民になっていただこうと、浅利町長や町議員、町民がこぞって希望しています。先生に名誉町民をお引き受けいただきたく、お願いにまいったのです」

「なんでわしが名誉町民なんだ」

「先生には、これまで町民の大半がお世話になっております。みなさん感謝《かんしゃ》しております。そのほんの報《むく》いとしてなんですよ」

房次の表情が険《けわ》しくなった。

「医者はわしの天職《てんしょく》だ。ただそれだけのことをしてきたまでだ」

「先生のご尽力《じんりょく》に対して感謝しておりまして」

「そんなだいそれた資格《しかく》はわしにはない」

「先生への思いからです。先生こそ名誉町民にふさわしい、とみなさん思っているのですよ」

「浅利町長に言ってくれ、わしにそのようなものはいらないとね」

「先生……」

房次は診察机の前の窓《まど》に体を向けてしまった。

「町長のお願いとしてではなく、町民全員のお願いなんですよ」

「……」

「先生、先生はわたしらの誇《ほこ》りなんです。先生を神さまだと思っているお年寄りもいます。みんな先生のお世話になりっぱなしで、いつか恩返しをと願っているのです」

「患者には、わしのできることしかしていない。医者としての務《つと》めを果たしているだけだよ」

「先生、せめて町民の気持ちを受け止めていただけませんか」

「わしに、そのような名誉はいらない。わしには似合《にあ》わない」

ぼそりと言い残すと、房次はトイレに行くといって席を立った。

三人は顔を合わせて表情を曇《くも》らせた。やはり先生に考え直してもらうのは難《むずか》しい。房次が戻《もど》るのを待って、今日のところは引き上げることにした。

「先生、突然《とつぜん》持ちかけられてもなんでしょうから、一度ゆっくりとお考えください。そのうえでまたおじゃまさせていただきます」

房次は不機嫌《ふきげん》な表情で見送った。

町長や議長、有力議員などは頭を抱《かか》えたが、なんとしてでも房次を説得しなければと作戦を練った。房次と親しい人脈を伝って、何度か名誉町民を受けてもらえないか頼《たの》みに足を運んだが、房次は決して首を縦《たて》にふらなかった。顕彰《けんしょう》されることに興味《きょうみ》はなく、なによりも「名誉町民」などだいそれたことと、拒《こば》み続けた。

それならと、町長自らが足を運び、房次の説得に乗り出すことにした。町長には、最初に訪れた三人とともに町議会議長も同行した。房次は、町長が訪ねたからといって特別なおもてなしをするでもなく、いつものとおり白衣姿《はくいすがた》のまま、町長たちを診察室に招き入れた。町長が房次の前の椅子に腰をおろすと、さっそく口を開いた。

「先生、議会に打診《だしん》したところ、全員が先生の名誉町民称号贈呈《しょうごうぞうてい》に賛成《さんせい》しております。町民こぞって先生に名誉町民を贈《おく》りたいのです。この感謝の気持ちを受けてくださいませんか」

「何度も言うが、わしにはそんな資格はない」

「院長さん、わたしらは町民を代表して、お願いに参っています。なんとしても先生に受け取っていただかなければ、このまま帰れません」

町長たちは、診察室で房次を取り囲んで説得した。房次は長年使い慣《な》れた椅子で腕組《うでぐ》みをしながら、しばらく考えこんだ。

町長が、ささやくように語りかけた。

「先生、わたしら白老の町民は、先生のこれまでの尽力になんとか報いたいのです。恩返しの証拠《しょうこ》を作りたいのです。そのために名誉町民条例を作ったのです。条例を作ったから先生を推挙《すいきょ》したのではありません。白老町民すべての気持ちなんですよ」

浅利町長の思いのこめられたことばに、房次は町長の顔を見つめ、ぼそりと口を開いた。

「町長にそこまでいわれては、わしの心も揺《ゆ》れるな」

町長は両手で房次の手を取り、にぎりしめた。

「先生、ありがとうございます」

房次を取《と》り巻《ま》いていた人たちから拍手《はくしゅ》がわき起こった。

四十余《よ》年の長期にわたって白老町民や、町外から訪れる患者の医療活動に骨身《ほねみ》を惜《お》しまなかった高橋房次は、だれもが名誉町民第一号にふさわしいと認《みと》めていた。

新生白老町の誕生《たんじょう》を祝う祝賀《しゅくが》式典において、浅利町長から房次の手に名誉町民称章と章記が贈られた。会場に詰《つ》めかけた町民らの万雷《ばんらい》の拍手に迎えられての栄誉《えいよ》であった。

相次ぐ顕彰

自らの信条《しんじょう》に相容《あいい》れない顕彰は頑固《がんこ》に拒んだ房次だが、唯一《ゆいいつ》喜んで受けた賞があった。昭和三十二（一九五七）年七月六日、これまでの房次の地域医療の功績を称《たた》えて、北海道医師会《いしかい》の表彰《ひょうしょう》規定《きてい》による表彰が贈られたときのことである。道内の医師が加盟《かめい》する組織《そしき》で、選評《せんぴょう》が全会一致であったということを耳にして、房次はほおをゆるめた。

普段から口数の少ない房次が、白老に来ていた甥の荘吉に心の内を明かしていた。

「医師会というところはな、みな偉《えら》い権威《けんい》ある先生の集まりで、甲論乙駁《こうろんおつばく》（いろいろな議《ぎ》論《ろん》が出ること）と激論《げきろん》が交わされるのだが、わたしの選出のときには全会一致で決定、一《ひと》人《り》の反対者もなかったという。その理由もな、高橋先生は患者の往診の依頼があれば大雪や吹雪《ふぶき》のなか、熊《くま》の出る開拓《かいたく》地を馬に乗り、深夜でも絶対《ぜったい》に断《ことわ》ることがない。あの実践《じっせん》力と医師としての使命感は到底《とうてい》まねできない、という声が圧倒的《あっとう》だったそうだ。同じ医者の仲間から、わしの仕事に対しての評価《ひょうか》をもらったということが、わたしの人生で最大の誇りであり、喜びと思っている。この賞がなによりうれしい」

相好《そうこう》を崩《くず》して語る伯父の表情を、荘吉は初めて目にした。

見方によってひとりよがりとも映《うつ》りかねない房次流ではあるが、房次が信念をもって人生を捧《ささ》げてきた地域医療の仕事が、なによりも同業の医師仲間から認められ、評価されたのだ。

――ミサヲも心から喜んでくれるだろう。結婚《けっこん》もしないで看護婦《かんごふ》として手伝《てつだ》ってくれた娘の狭野子《さのこ》も喜ぶだろう。

房次は、心のなかに温かなしずくが広がるのを一人確認していた。

二年後の昭和三十四(一九五九)年、房次の長年にわたる地域医療への貢献《こうけん》に対して、北海道文化賞が贈られることになった。発表を聞きつけた町民は喜びにわいた。わが町の院長さんが、道の文化賞をもらうのである。

しかし、房次に喜びはわかなかった。

狭野子《さのこ》（右）は房次を診療《しんりょう》と生活の両面にわたって支えた（撮影／掛川源一郎）

わしは、これまで当たり前のことをしてきただけのこと。別に顕彰してもらうほど、だいそれたことはしていない。役所がなぜ賞をとらすというのか。そんなことに金を使うより、もっと地域の医療や保険制度《ほけんせいど》、低所得者への医療保護など、行政《ぎょうせい》が本来やるべき仕事が山積しているはずだろう。地域医療に行政が満足に関与《かんよ》もしないで、こんな田舎《いなか》医師に賞をくれるということは本質《ほんしつ》を見誤《みあやま》っている――。

当然ともいえる房次の思いでもあった。とはいえ、この顕彰に対して、房次は、あえて辞退《じたい》するほどの意固地さを見せることはなかった。

房次が北海道文化賞の「化学・技術《ぎじゅつ》部門」で顕彰されたのは、この年の十一月三日である。房次は、札幌《さっぽろ》のホテルで行われた贈呈式《ぞうていしき》に、病床《びょうしょう》のミサヲを残して一人で出席した。晴れやかな席ではあったが、心から喜んでいる表情ではなかった。いつもの房次の表情でもなかった。

贈呈式のあと、各受賞者のあいさつとなり、房次の番となった。房次は、やおら立ち上がってあいさつをした。

「どうも、わたしにはこのような晴れの舞台《ぶたい》は似合わないようで、おちつきません。白老町のおんぼろ医院の診察室のほうが心休まります。

わたしは、これまで一度として聴診《ちょうしん》器を外すことはありませんでしたが、本日初めて聴診器をおいて、白衣を脱《ぬ》いでまいりました。また、病の床《とこ》にある妻もおいてまいりました。

このたびの栄誉に報《むく》いられるのは、むしろ、わたしのこれまでの仕事を支えてくれた妻のミサヲにあると考えております。

北海道文化賞の贈呈《ぞうてい》式であいさつする房次

そして、この栄誉を一番喜んでくださっているのは、わたしにとって第二のふるさとでもあります白老町のみなさんです。

あしたからまた、白老町で聴診器を持ちます。本日はまことにありがとうございました」

じつに簡潔《かんけつ》なあいさつであった。

房次は、関係者とあいさつを交わした後、祝賀会を早めに切り上げて会場を辞した。札幌駅から列車で苫小牧《とまこまい》へ。さらに乗《の》り換《か》えて白老に戻った。

改札を出ると、房次の顔を見た町人たちから声がかかる。

「院長さん、おめでとうございます」

「院長さん、お帰りなさい」

だれもが笑顔で迎えてくれた。房次は、いつもどおり中折れ帽子《ぼうし》をとって、軽く会釈をして応《こた》えた。やはり房次には、白老の空気があっているようだ。

ガラス窓《まど》が壁いっぱいに張《は》り巡《めぐ》らされた駅舎《えきしゃ》を出ると、駅舎の左手隅《すみ》に愛犬のチビが座っていた。房次の姿を見つけると、いつものように声を出して足にまとわりつく。房次はしゃがみこんで首もとをなぜてやった。

房次の北海道文化賞受賞の栄誉を、白老町民は「受賞を祝う会」で称えることにした。アイヌの人々の喜びも大きく、会場に大挙して詰めかけた。紅白《こうはく》の幕《まく》で周囲を囲んだ会場に、二〇〇名の町民が足を運んでいた。参加者の前には折詰《おりづめ》と二合瓶《びん》の清酒が一本置かれ、祝賀会としては質素《しっそ》な仕出し料理である。

万来の拍手で迎えられた房次は、地元の顔見知りが祝ってくれる会場で感極まっていた。あいさつに立った房次だが、ときおりことばを詰《つ》まらせた。「院長さん」の努力がやっと報いられたと思って、涙《なみだ》する人たちも多かった。

胸像除幕式《きょうぞうじょまく》

じつは、房次には頭の痛《いた》い事態《じたい》が待《ま》ち構《かま》えていた。北海道文化賞受賞の年の四月、町に「高橋房次先生功績顕彰会」が作られ、房次の胸像を作る計画が進められていたのである。町内はもとより、新聞報道《ほうどう》によって趣旨《しゅし》を聞きつけた人たちが、札幌や小樽《おたる》、函館《はこだて》、あるいは群馬県《ぐんまけん》や富山県《とやまけん》などからも浄財《じょうざい》を寄《よ》せていた。いずれも、かつて高橋先生に診てもらったが治療費をとらなかったので、「これまでの院長さんの恩《おん》に報いられるのなら」という純粋《じゅんすい》な思いからであった。

会の趣旨に関係なく、房次は自らの「胸像」を作ることに納得しなかった。

「なぜわしの胸像なんだ。町長や政治家《せいじか》でもない、このわしの胸像を作ってどうしようというのだ。第一、そんなだいそれたものはわたしには似合わないし、嫌《いや》だよ」

初めて耳にしたとき、房次は即座《そくざ》に拒んだ。なにゆえ胸像を作らなければならないのか。思い上がったことであると言下《げんか》に断《ことわ》ったのである。房次にとっては、まったく理解《りかい》できないことであった。

房次の思いをとびこえて、圧倒的な人数から浄財が集まっていた。顕彰会の会長や役員らが複数《ふくすう》で診察室に詰めかけた。

「院長さん、これだけの人たちが先生のためにということで浄財を寄せてこられました。これらの方々の気持ちを理解されて、どうか承諾していただけませんか」

「そのような思《おぼ》し召《め》しには心から感謝している。でもな、なんでこの老いぼれ爺《じい》の顔を像《ぞう》にするんだ」

会長や役員たちは、口々に説得した。

「院長さんのお姿を町のシンボルとして後世に伝えていきたいだけです」

「白老小学校の校庭に建て、子どもたちを見守ってもらうつもりです」

「院長さん、みなさんの気持ちをくんでやってください」

しかし、房次は頑《がん》として首を縦《たて》にふらなかった。だが、すでに相当の浄財が集まっていたことを無視《むし》できなかった。

「これ以上みなさんの熱意を拒むこともできないでしょう。みなさんの総意《そうい》でとおっしゃるのなら……」

という房次のことばに、

「院長さん、ありがとうございます。よろしくお願いします」

「よかった、なんとか間に合いそうだ」

会長たちは胸《むね》をなでおろした。

「ただし、条件《じょうけん》がある。寄付《きふ》は絶対に強制《きょうせい》や押《お》しつけはしないこと。差別したりしないこと。それだけは守ってください」

房次は釘《くぎ》をさしたが、心は晴れていなかった。

師走《しわす》の十二月十一日、白老小学校の校庭で除幕式が行われた。式典に出席したのは、房次のほか、次男昭夫妻と孫の岳《がく》、タカの母親、それに栃木《とちぎ》から駆《か》けつけた甥の荘吉である。妻のミサヲはとても出席できる状態《じょうたい》になく、娘の狭野子が残って母親を診ていた。

除幕式の後、白老小学校の体育館で二〇〇人の町民が参加して祝賀会が開かれた。大勢《おおぜい》のアイヌの人たちも詰《つ》め掛《か》けていた。いつものように、折詰一つに一合瓶の清酒一本とい

胸像《きょうぞう》の除幕《じょまく》式に参列した房次と家族

体育館に集まった町民が房次を祝福した

こんなな記念ハガキも作られた

う質素なものである。房次には、記念品としてテレビが町民代表から贈られることになった。

あいさつに立った房次は、胸像のことよりも、こうして祝ってくれる町民の心意気に、感謝のことばで応えた。

「これまで、ただみなさんの健康を守るために、医者としての最低限《さいていげん》の務めを果たしてきただけです。こんな晴れがましい席は、わたしにはとてももったいない……。銅像《どうぞう》はもとより、みなさんの熱いお気持ちに、ただただ感謝申し上げます……。

外来にこられて、院長さんの注射《ちゅうしゃ》はちょっと痛いけど神経痛が治るからありがたい、と言ってくださる患者さんのことばがとても励《はげ》みになります……」

房次は声を詰まらせながらも、会場を笑わせることを忘れない。そして、いつもの房次の口調となった。

「この席に妻のミサヲが出席できないのが、とても残念です。思えば大正十一年に、家族とともに初めて白老の地を踏《ふ》みしめてこの方、わたしにとって白老町は終《つい》の棲家《すみか》（死ぬまで住むところ）となりました。みなさんの温かなお気持ちに支えられて、今日まで務めを果たすことができたと思っております。これからは、新しい世代にこの白老で頑張《がんば》ってもらいたいものです。みなさん、これまでほんとうにありがとうございました。心よりお礼申し上げます」

割《わ》れるような拍手が会場にとどろいた。人前をはばからず目頭を押さえる人たちが多かった。

房次が驚いたのは、寄せられた浄財の多さであった。胸像建立《こんりゅう》と記念品としてテレビが寄贈《きぞう》され、それでも残った額が現金《げんきん》で房次に手渡された。房次は、その場で社会福祉《ふくし》に役立ててほしいと全額《ぜんがく》寄付した。三七年あまりにわたってお世話になった「院長さん」へのほんのお礼の気持ちが集まって、温かな贈《おく》り物《もの》となった。

房次はこのとき七十六歳、その身はすでに老境《ろうきょう》にあった。

たまり場になった診察室

房次の晩年《ばんねん》、高橋医院の外来を訪れる患者がめっきり少なくなっていた。町立病院もでき、さらに個人《こじん》の医院も建ってきたため、大正十一年以来の老朽《ろうきゅう》化した高橋医院に通う患者が少なくなってきたからである。患者の世代交代も起きており、通いなれたお年寄りとは別に、若い人たちは房次の医院から離《はな》れていったようである。

患者の減少《げんしょう》にともなって、房次は「町の主治医」から、よろずごと相談を受ける「町のご意見番」のようなものになっていった。白老町の人たちは、なにかことがあれば、「院長さんの意見を聞いてみよう。院長さんならどう判断してくれるだろうか」と、町の知恵《ちえ》袋《ぶくろ》として頼《たよ》りにしていた。

「院長さんのとこへ行って聞いてくるよ」

という相談の持ちこみが、医師としての診察以上に多くなり、房次の診察室はコタンや町の人たちのたまり場ともなっていた。

房次の診察室は、いろいろな人が相談に訪れ、自然と情報《じょうほう》が集まる場となり、その情報を知りたくてまた人がやってくるといった様子であった。房次は、往診で出かけているとき以外は、だれが訪ねてきても親身になって話を聞き、適切《てきせつ》なアドバイスをした。

野村義一《のむらぎいち》は、高橋家とは家族ぐるみの付き合いをしており、妹が房次の病院の手伝《てつだ》いをしている。野村は、昭和二十四（一九四九）年に、三十五歳で白老漁業協同組合の専務《せんむ》理事の職《しょく》につくと、組合員の住宅《じゅうたく》の改善《かいぜん》にも取り組んだ。真っ先に相談したのは「院長さん」である。

「先生、じつはわたしらの住宅の建替《か》えをすすめようと思っているんです。住宅金融公《じゅうたくきんゆうこう》庫《こ》という制度がありますから、この制度を使ってコタンの漁師《りょうし》たちの家をなんとかしようと思うのですが」

「いいことだ、昔ながらの掘《ほ》っ立《た》て小屋《ごや》の茅葺《かやぶ》きでは病気にかかりやすいし、いい方法があるんならすすめるべきだ」

「まずは、わたしが公庫から借りて、この制度の利用法を勉強してみます」

漁民の七割《わり》がアイヌであり、野村は粗末《そまつ》な家の改善に意欲《いよく》を燃《も》やしていた。

「君のような元気な若者《わかもの》たちが、アイヌ民族の将来《しょうらい》を改革《かいかく》していくべきだ」

房次は顔をほころばせて、野村の目の輝《かがや》きを見つめていた。

「先生、まだまだわたしらのご意見番として見守ってください」

「今度はご意見番になったたか」

房次は楽しそうに笑った。

野村義一は、その後、白老漁協組合員の二〇〇戸あまりの住宅改善を見事にやり遂《と》げたのである。

高橋医院に、アイヌの長老がお茶のみにやってくると、

「よく顔を見せてくれた」

と、房次は笑顔で迎えた。大正十一年からの付き合いのある顔を見ると、房次は心が安らぐ思いであった。ストーブを囲みながら、家族の成長の話や世間話に花を咲かせた。

時には家庭のもめごとまで持ちこむ女房《にょうぼう》もいた。女房の後を追いかけて医院にきた亭《てい》主《しゅ》ともどもストーブを囲みながら、房次は二人にお茶をすすめてやさしく諭《さと》す。やがて、夫婦《ふうふ》は納得して一緒《いっしょ》に帰っていくのである。

9　ありがとう院長さん

宇宙人《うちゅうじん》になっていく房次《ふさじ》

高橋房次が床《とこ》に伏《ふ》すようになったのは、昭和三十四（一九五九）年ころからである。房次は、すでに七十六歳《さい》の老境《ろうきょう》に入っていた。いかに強靭《きょうじん》な房次の精神力《せいしんりょく》をもってしても、迫《せま》りくる老いには勝てなかった。

房次は、愛妻《あいさい》ミサヲの病床《びょうしょう》がある居間《いま》で、よく一緒《いっしょ》にテレビを見ていた。ときおり語りかけてはミサヲへの気づかいをみせていた。

タカは、そのころの房次の様子を思い出しながら語る。

「おじいちゃんは、居間に続いた部屋《へや》に布団《ふとん》を敷《し》いて寝《ね》ておりました。迎《むか》えが来《く》る（死ぬこと）一年ほど前でしたでしょうか。脳軟化症《のうなんかしょう》の気配がこくなりまして、ときおり意識《いしき》が戻《もど》ってくるのでしょうね、布団から起き上がると往診《おうしん》カバンを捜《さが》すのですよ」

往診カバンを捜す房次を見たタカは、尋《たず》ねた。

晩年《ばんねん》の房次《ふさじ》とミサヲ（撮影／掛川源一郎）

「おじいちゃん、どこへ行くんですか」

「今日《きょう》は登別《のぼりべつ》の往診だ。診察《しんさつ》カバンはどこだ」

といって、房次は診察室の棚《たな》を捜す。タカはことばをかける。

「おじいちゃん、今日の往診はありませんよ」

「おう、そうか」

と、房次は思いなおすように往診カバンをもとに戻《もど》したという。

「そのうちに身内かどうかの見境《みさかい》がつかなくなりましてね。おじいちゃんと声をかけて枕元《まくらもと》に行くと、わたしの腕《うで》をとり脈を測《はか》るんです。そこに寝なさい、どうして外来に来《こ》なかったんだ、といつもの口調《くちょう》でしゃべりだすのです。ああ、おじいちゃんは宇宙人になっていくのかなって思いましたよ」

タカの目には、意識の戻った房次の行動に、元気なころの習慣《しゅうかん》が現《あらわ》れたように映《うつ》る。まるで、当たり前のように往診に出かける行動をとるという。

「声をかけられると、ふっと診察室の状況《じょうきょう》がおじいちゃんの脳裏《のうり》に浮《う》かぶのでしょうね」

とタカは語る。

甥《おい》の高橋荘吉《たかはしそうきち》が、房次の病状《びょうじょう》を聞きつけて訪《たず》ねてきたのは、房次が亡《な》くなる三か月ほど前であった。

「伯父《おじ》さん荘吉だよ、と声をかけると、〝荘吉か〟ってこたえてくれました。布団から手を出してわたしの右手にさわり、脈を測るのです。わたしの名前を呼《よ》んでくれましたが、脈をとる仕草はいつもの診察の習慣がよみがえったのでしょう」

高橋荘吉の記憶《きおく》にも、枯《か》れていく伯父の病床の姿《すがた》が痛々《いたいた》しく刻《きざ》まれている。

号泣するアイヌの人たち

昭和三十五（一九六〇）年六月二十九日、初夏とはいえ白老《しらおい》町の朝はまだ肌寒《はださむ》い。鉛色《なまりいろ》の空から霧《きり》のような雨が落ちていた。木造《もくぞう》や、わら葺《ぶ》きの家が点在《てんざい》するアイヌコタンの家《いえ》並《な》みも濡《ぬ》れていく。

そのなかに、ぽつんと建つ木造平屋の高橋医院。その屋根をはるかに越《こ》えて空に伸《の》びる銀杏《いちょう》の木が、まるで泣《な》き濡れているように立っている。昨夜の雨に抉《えぐ》られて路面が泥《どろ》のぬかるみになっている。

「院長さんが死んじゃったよー。院長さんが……」

悲鳴に近い子どもの叫《さけ》び声《ごえ》が泥道《どろみち》をかけ抜《ぬ》けていった。子どもの叫び声に、だれもが耳をうたがった。

コタンの家々の前に人影《ひとかげ》が立ち、三々五々、高橋医院の銀杏の木の下に人が集まって、人がきができていった。傘《かさ》を持たない人が駆《か》け寄《よ》り、木蔭《こかげ》で雨を避《さ》けながら「院長さん」の訃報《ふほう》に心を痛《いた》めた。

「院長さんが亡くなったってほんとうか」

「ずっと寝こんでいたようだと聞いていたからね」

「あんなにやさしかった院長さんだったのに、いやだー！」

「先生がいなくなったら、あたしらどうなるの。困《こま》るよ」

ラジオで聞いた人も多く、高橋医院の家の前には続々と人が詰《つ》めかける。院長さんの安《あん》否《ぴ》を確《たし》かめるというよりは、院長さんの死を認《みと》めたくないという雰囲気《ふんいき》で、だれもが表《ひょう》情《じょう》を曇《くも》らせていた。目を腫《は》らす人もいた。肉親を亡くしたときのような深い悲しみに打ちひしがれて、途方《とほう》に暮《く》れる姿であった。

アイヌの長老が、ひざまづいて空を見上げて号泣している。立ったまま、空を仰《あお》いで泣き叫ぶ人もいた。

「院長さんを天がうばった。なぜだ、なぜ天は院長さんをうばったのだ！」

大声で空に向って泣き叫ぶ男の声。呼応《こおう》するように、あちこちで叫び声があがった。

「先生がうばわれた、先生がうばわれたよ！」

自分の父を失ったように、空に両手を突《つ》き上《あ》げるように泣き叫ぶ。

やがて、七、八人の古老たちが輪を作り、アイヌことばを口ずさみながら踊《おど》りだした。

両手を天に向かって突き上げたり、大地に向かって下げたりして踊る。大切な人を失ったときの悲しみを表す、アイヌの人たちの謡《うたい》と踊《おど》りである。アイヌの人たちは、身内のように献身《けんしん》的な愛を注いでくれた房次の死を心から嘆《なげ》き悲《かな》しんだのである。アイヌの古老から子どもたちまで、周囲にはばかることなく嘆き悲しむ姿に、涙《なみだ》の輪が広がっていった。

「朝の六時半か七時ころでしたね。出勤《しゅっきん》する時刻《じこく》の少し前でしたから」

高橋医院の近くに下宿していた山本富子《やまもととみこ》は、普段《ふだん》とは違《ちが》う気配に下宿の窓《まど》をあけて、コタンに目を向けた。コタンの中ほどで黒い服装《ふくそう》の人たちが動きまわるのが見えた。黒装束《くろしょうぞく》の人は一人《ひとり》、二人《ふたり》と増《ふ》えて、十数人が集まってただならぬ様子に、山本は驚《おどろ》いて外へ出た。

「高橋先生が、お亡くなりになり、コタンの人たちが嘆き悲しんでいるんですよ」

と知人が教えてくれた。

山本は、コタンでアイヌの人たちが謡《うた》って踊って房次の死を悲しむ姿を脳裏に刻みつけた。

「アイヌの人たちにとっては大切な人を亡くしたという思いからでしょう、号泣するさまは、まるで肉親を失ったときのように、深く嘆き悲しんでおりましたね」

慈父《じふ》的存在《そんざい》の高橋医師《いし》を失ったアイヌの人たちは、老若男女《ろうにゃくなんにょ》、ことごとく集まってきて、ある老婆《ろうば》は声をあげて泣き、男たちは涙《なみだ》ぐみ、泣き叫ぶ声の波は広がったという。

たくさんの人に送られて

房次の死にさいして、白老町は名誉《めいよ》町民第一号であるため緊急《きんきゅう》の町議会を開き、全会一致《いっち》で葬儀《そうぎ》を町葬《そう》にすることにした。町葬は七月一日、高橋医院で行われた。葬儀は、町会議員であり白老漁業協同組合専務《せんむ》理事でもある、房次と親しかった野村義一《のむらぎいち》が取り仕切り、アイヌ協会が中心となって世話をしたという。

山本富子も七月一日の告別式に参列した。

この日は、朝から猛烈《もうれつ》な陽射《ひざ》しに照らされ、寒暖計《かんだんけい》は三〇度を超えていた。院長先生の亡骸《なきがら》に焼香《しょうこう》をしたいとかけつけた人々の列が高橋医院から四〇〇メートルにもなり、焼香までに一時間以上も待ち続けた。

陽射しをさえぎるものはなにもなく、参列者は頭の上にハンカチを置いたりして暑さに耐《た》えながら、じっと順番を待っていた。途中《とちゅう》で体調を崩《くず》して倒《たお》れる参列者もいたという。アイヌの人たちも、和人《わじん》たちも、列に混《ま》ざって並《なら》んだ。参列者の表情は一様に沈《しず》んでいる。一〇〇〇人を超える人が訪《おとず》れ、何時間も待ち続けていたのである。

白老町始まって以来という大勢《おおぜい》の弔問《ちょうもん》客に、コタン界隈《かいわい》は人であふれ返った。「院長さ

房次の葬儀《そうぎ》に多くの
人がかけつけた
（写真は３点とも
掛川源一郎撮影）

ん」の存在がいかに大きかったか、この一事でもおしはかられる。

房次が息を引き取るのをみとった高橋タカは、葬儀の三日ほど後に弔問に訪ねてくれた三人連れの男たちの印象を記憶していた。

男たちは祭壇《さいだん》の前に紙に包んだ香典《こうでん》を置いたあと、深々と頭を垂《た》れて両手を合わせた。生前の院長さんに心で語りかけているようであった。泣きだす男もいた。

祭壇から引いて座《すわ》っていたタカは、礼を述《の》べるとともに尋ねた。

「ごていねいにありがとうございました。失礼ですが、お名前をうかがわせていただけますか」

「とんでもねえです。名前なんか言えねえです。先生の考えに反するから、とても言えねえです」

一人の男が恥《はじ》らいながら拒《こば》んだ。

「先生の姿を見てきたから、とても名前を言える柄《がら》ではねえですよ」

別の男も頭を下げながら、逃《に》げるように座を外した。

線香《せんこう》をあげて両手を合わせるだけで十分、名前を名乗るほどのものではないと帰る男たちの謙虚《けんきょ》な姿に、タカは房次が患者《かんじゃ》と向き合ってきた姿勢《しせい》を見たという。

「おじいちゃんの人柄《ひとがら》が、患者さんたちにちゃんと映っているんですね」

義父《ぎふ》高橋房次を語るとき、タカは懐《なつ》かしそうに目を細める。

房次を支《ささ》え続けたミサヲ

房次は自らの信念に沿《そ》って生きたが、家計に関心を示《しめ》さなかったため、家族には生活苦をもたらした。甥の高橋荘吉は、身近に生活を見て、こんな苦言を述べる。

「自分の一番身近な家族に対して、もう少し配慮《はいりょ》して、家計を考えてもらいたかった。しかし、ミサヲさんはなにひとつ不満を言わず、立派《りっぱ》に伯父を支えてこられました」

房次は信念に基《もと》づいて、地域医療《ちいきいりょう》に献身的なはたらきをしてきた。その一方で、お金や名誉に関心を示すことなく、質素《しっそ》な生活に甘《あま》んじた。そういう父の生き方に、次男の昭《あきら》や、看護婦《かんごふ》として父のもとで働いてきた長女狭野子《さのこ》も共鳴していたと思われる。

房次は、長年連《つ》れ添《そ》った妻《つま》のミサヲと旅行をすることもなく、生命保険《せいめいほけん》にも入っていなかった。というより、そのようなものに房次は必要性《せい》を感じなかったのだろう。房次の質素だが穏《おだ》やかな生活は、彼《かれ》を支え続けた妻のミサヲの献身があったからこそ成り立ったことを忘《わす》れてはならない。

病の床に伏せながらも、「おじいさんより先には死ねません」と言いつづけてきた妻のミサヲは、夫の死を見とどけたかのように、房次の死の翌年《よくねん》八月七日、享年《きょうねん》八十八歳で後を追うように逝《い》った。


次男の昭、長女狭野子とともに最期《さいご》をみとったタカは、ミサヲを思い出して語る。

「おじいちゃんもそうでしたが、おばあちゃんもとてもいさぎよい人でしたね。自分で活《い》けた花でも、気に入らないと窓を開けてぱっと捨《す》ててしまうのです。気に入らないことがあったら、ぱっとやってしまう。ただ、長男の死にはとても心を痛めていましてね、家に蝶《ちょう》が飛びこんできてなかなか出ていかなかったことがありまして、その蝶を見て、ああ、おにいちゃんがきたんだねって、わたしに話しかけてくるのですよ」

タカは義母《ぎぼ》ミサヲのおちゃめな一面も語る。高橋家は、お金はなくとも魚や野菜には不自由しなかったという。あるとき、アイヌコタンから大根が持ちこまれた。

「おばあちゃんは、腰《こし》をわずらっていましたので、めったに外出することはありませんでした。ある日コタンの人が大根を何本か持ってきてくれたんです。ところが、その大根には〝す〟がはいっていて、とても食べられる状態《じょうたい》ではありませんでした。といって捨てることもできなかったので、おばあちゃんは暗くなってから大根をもってきてくれた人の畑に行ったのですよ。おばあちゃんは戻ってくると、〝こっそりと埋《う》め戻してきたわよ〟ってとてもうれしそうにしゃべるのです。茶目っ気のあるおばあちゃんでした」

タカには、おちゃめな義母の印象が強く残っているという。

ミサヲは、娘《むすめ》に話せないことでも、嫁《よめ》のタカに打ち明けることが多々あった。あるとき、ふと、ミサヲが生涯《しょうがい》抱《いだ》き続けた悔恨《かいこん》をタカに語ったという。

「おばあちゃんは、女の人には三つのひみつがあるものだよ、というのです。なんの意味かわからなかったのですが。おばちゃんは、雨や風が吹《ふ》くと曲がっていた腰を伸《の》ばして窓際《まどぎわ》に行きますとね、〝もっと降《ふ》れ、もっと吹《ふ》け〟と、まるで自分を裁《さば》いてでもいるように叫《さけ》ぶのです。里子に出した子どもへの後悔《こうかい》なのでしょうね。そのことは、よく話しておりました」

また、房次の甥の高橋荘吉は、晩年《ばんねん》のミサヲの姿をこう語る。

「いつも炉辺《ろばた》の前に座《すわ》っておりましたね。炭火をおこして魚を焼いてくれるのです。焼きあがると、どうぞ食べてくださいな、といって皿にとってくれるのです」

荘吉は、炉辺でのミサヲの印象が強く残っているという。

さらにタカは、孫を溺愛《できあい》する房次夫妻《ふさい》の一途《いちず》さを語る。

「初めての孫でしたから、おじいちゃんもおばあちゃんも、岳《がく》をとてもかわいがってくれました。わたしが実家に行くと言ったら、子どもは置いていけと言ってききませんし、兄が虎杖浜《こじょうはま》の沿岸《えんがん》に来ることがあって、子どもを見たいという連絡《れんらく》があったので連れていこうとしましたら、話したとたんに〝だめだ、そんなところに連れていって落ちたらどうする。この岳をなんだと思っている〟と怒《おこ》られました」

「おじいちゃんとおばあちゃんは、しょっちゅう口げんかしてましたよ。おたがいに気がねしないでしゃべりあっていましたね。おばあちゃんは負けると、〝よし今度こそカタキをとってやる〟なんてね、いきまいているんです」

タカがともに過《す》ごした房次とミサヲの晩年の家庭生活は、素直《すなお》で真っすぐで愛情《あいじょう》あふれる日々であったという。

いま二人の遺骨《いこつ》は、終《つい》の棲家《すみか》となった白老町の、竹浦《たけうら》にある禅照寺《ぜんしょうじ》境内《けいだい》の高橋家の墓《はか》に家族とともに仲良く眠《ねむ》っている。

房次のまなざしは慈愛《じあい》に満ちていた（撮影／掛川源一郎）

あとがき

昭和三十五（一九六〇）年六月二十九日、高橋房次《たかはしふさじ》の命日から数えて没後《ぼつご》五〇年を迎《むか》えました。

医師《いし》高橋房次が活躍《かつやく》した大正中期から昭和の戦前、戦争直後は、今日《こんにち》のような高度な医療設備《いりょうせつび》が整わない時代でした。そのような時代に、高橋房次は、白老《しらおい》のアイヌコタンの人たちはもとより、和人《わじん》、老若男女《ろうにゃくなんにょ》それぞれの目線の高さに合わせて接《せっ》し、いかなる患《かん》者《じゃ》にも分《わ》け隔《へだ》てなく情熱《じょうねつ》を傾《かたむ》けて治療《ちりょう》をしてきました。

若き日に町立田名部《たなぶ》病院で丸山院長の薫陶《くんとう》で得た「町医者」としての生き方も投影されています。

しかも房次は、お金や名誉《めいよ》を望まず、愚直《ぐちょく》とも思えるほど貧乏《びんぼう》に甘《あま》んじて生きました。そのような房次の生き方には、使命感に燃《も》えて自己犠牲《じこぎせい》の上に医師として務《つと》めを果たす、といった気負いはありませんでした。房次は、四六時中仕事に没頭《ぼっとう》していましたが、忙《いそが》しい診療《しんりょう》の合間をぬっては登山に出かけたり、考古埋蔵《まいぞう》物に親しんだり、句《く》を詠《よ》んだりして、生活を楽しんでいました。ひそかにおしゃれも楽しんでいました。

高橋房次の素顔《すがお》は、地域《ちいき》に根を張《は》り、地域の人々とともに生きる誠実《せいじつ》な人生のあり方を教えてくれているようです。

だれにも愛と信念をもって接した房次のいのちへの思いやりは、いまもわたしたちに自然のなかの人間として差別なく生きることの大切さも語りかけています。

房次は、とくに和人がアイヌ人に抱《いだ》いてきた差別意識《いしき》の根深さに、強い怒《いか》りを感じていました。医者として、人間として、燃えるような気迫《きはく》を前面に出して差別の川に「橋をかけた」ひとりでした。

かつて、新冠《にいかっぷ》のアイヌコタンで開業したとき、アイヌの人たちが和人との同化を余儀《よぎ》なくされる一方で、土地を追われるなどのひどい仕打ちを受ける現場《げんば》を見た房次は、アイヌの人たちの境遇《きょうぐう》に胸《むね》を痛《いた》めました。房次は、アイヌの人たちのために、日本における先住民族として誇《ほこ》りをもって生きること、アイヌモシリと呼《よ》ばれた父祖《ふそ》からの大地で正しい復権《ふっけん》を成《な》し遂《と》げることをだれよりも強く願っていました。

そして、平成二十（二〇〇八）年六月六日、国権《こっけん》の最高機関である衆議院《しゅうぎいん》と参議院において、「アイヌ民族を先住民族とすることを求める決議」がそれぞれ全会一致《いっち》で可決《かけつ》され、政府《せいふ》も初めてアイヌ民族を「先住民族」とする認識《にんしき》を明らかにしました。
アイヌ民族の復権を切望してやまなかった高橋房次は、この国会の決議を黄泉《よみ》（死後）の世界からどう眺《なが》めているのでしょうか。

高橋房次の医師としての姿勢《しせい》は、作家山本周五郎《やまもとしゅうごろう》が昭和三十三（一九五八）年に発表した小説『赤ひげ診療譚《しんりょうたん》』の医師〝赤ひげ〟と重なります。この小説は、江戸時代《えどじだい》中期、実際《さい》にあった庶民《しょみん》のための医療施設《しせつ》「小石川養生所」を舞台《ぶたい》にした医師〝赤ひげ〟の物語《じっ》です。

昭和三十五（一九六〇）年にテレビ化され、その後、黒澤明監督《くろさわあきらかんとく》による映画《えいが》『赤ひげ』が上映《じょうえい》されるに及《およ》んで、医師の使命を問うドラマとして大きな話題を呼《よ》びました。この映画を見て多くの人が医師を希望した、という「赤ひげ効果《こうか》」を生み出しました。

北海道の新冠と白老で「町医者」として生涯《しょうがい》を捧《ささ》げた高橋房次その人こそ、現代《げんだい》の「赤ひげ」がよく似合《にあ》います。地元メディアでは、房次を「コタンのシュバイツアー」とか「コタンの慈父《じふ》」とも形容《けいよう》しましたが、終生、お金や名誉を望まない姿勢を貫《つらぬ》いた高橋房次の生涯こそ、「コタンの赤ひげ」そのものであったように感じます。

いのちのしずくを受け止め続けた房次の生き方が、いま、ますます尊《とうと》いものに見えます。

この本を書くための取材にさいしては、白老の自宅《じたく》を何度となくお訪《たず》ねして、高橋タカさんに〝おじいちゃん〟や〝おばあちゃん〟の元気なころのエピソードをお聞きしました。タカさんは、本書の刊行《かんこう》を楽しみにしておられましたが、今年四月十二日、札幌《さっぽろ》の入院先で他界されました。

容態《ようだい》が相当悪化するなか意識がしっかりしているうちにと、タカさんが自らペンをとって書き記したことばを、看病《かんびょう》されていた姪《めい》の吉川敦子《よしかわあつこ》さんから教えていただきました。

「房次おじいちゃんは、人間愛に徹《てっ》しきった人で、岳《がく》やわたしに、この理念をもった生き方を教えてくれた」

「人間は、必ず滅《めっ》するもの、生き方を考えよ」

「時は変わっても、人の思いは永遠《えいえん》なり」

これらのことばは、いわばタカさんの絶筆《ぜっぴつ》ともいえるものですが、なぜか房次の思いに重なって聞こえてきます。そして、敦子さんにしみじみと語ったといいます。

「高橋の家に嫁《よめ》に来《き》て、とても幸せでした」と。心よりご冥福《めいふく》をお祈《いの》りします。

高橋房次が全国的に知られるようになったのは、晩年《ばんねん》になってからでした。社会派《しゃかいは》写真家の掛川源一郎《かけがわげんいちろう》が『カメラ毎日』に、房次の普段着《ふだんぎ》の写真を発表したからです。人前で騒《さわ》がれたり顕彰《けんしょう》されたりするのを極度に嫌《きら》った高橋房次が、昭和三十二（一九五七）年から初めて素顔をカメラのファインダーにさらけ出したのです。ひとえに掛川源一郎と房次との心のつながりを証明《しょうめい》しています。その写真の使用にさいしては、令夫人のご理解《りかい》をいただき、掛川源一郎写真委員会小室治夫《こむろはるお》氏のご協力を賜《たまわ》りました。

平成十九、二十年に模擬公演《もぎこうえん》・本公演が行われた、町民劇《げき》高橋房次物語「銀杏《いちょう》のそよぎ」で、初めて房次の生涯が演劇《えんげき》化されました。この機会を得て、主催《しゅさい》の高橋房次物語制作《せいさく》実行委員会本間力《ほんまちから》さん（ＮＰＯ法人しらおい創造《そうぞう》空間「蔵《くら》」理事・文化事業プロデューサー）のお力添《ちからぞ》えで、白老陣屋《じんや》博物館館長武永真《たけながしん》学芸員の資料《しりょう》等の提供《ていきょう》ほか、ＮＰＯ法人の全面的なご支援《しえん》をいただくことができました。

さらに、高橋房次研究者の第一人者山本融定《やまもとゆうじょう》氏をはじめ、房次の甥《おい》である高橋荘吉《たかはしそうきち》、山本富子《やまもととみこ》、伊東稔《いとうみのる》、小野邦夫《おのくにお》、坂本恭啓《さかもとよしのり》、坂本譲《さかもとゆずる》、清水杏衣《しみずあい》ほか各氏のご協力を賜りました。出版《しゅっぱん》にあたっては、農文協北海道支部《しぶ》と本部編集《へんしゅう》局のみなさんにお世話になりました。みなさまに心よりお礼申し上げます。

二〇一〇年六月

川嶋《かわしま》　康男《やすお》

[引用・参考資料文献]

下記資料より引用や参考とさせていただき，お礼申し上げます。

「コタンの父　高橋房次小伝」 山本融定 『北海道の文化』79　北海道文化財保護協会　2007年刊

「明治国家の成立とアイヌ民族・アイヌ民族の復権と自立」 山本融定 『アイヌ民族の歴史と文化』所収　山川出版社　2000年刊

『根性―浅利義市伝　コタンのシュバイツアー』名誉町民浅利義市顕彰会　1987年刊

『郷友』創刊号・第二号　白老青年団学習部発行

『赤ん坊のささやき』 高橋絵車(房次のペンネーム) 私家版　1922年刊

『千島アイヌ論』 高橋房次　私家版　1933年刊

『高橋房次　コタンの医師』「開拓につくした人々」7　北海道　1967年刊

『アイヌ医療に尽くしたある医師の生涯』 山本富子　私家版　1995年刊

『北海道に生きる　5　コタンの老医師』岡村正吉　太陽（くまブックス） 1981年刊

『映像記録　コタンのシュバイツァー高橋房次先生』 小野邦夫　私家版　2009年刊

『値段の明治大正昭和風俗史』 週刊朝日編　朝日新聞社（朝日文庫） 1987年刊

『アイヌ民族の歴史』 榎森　進　草風館　2007年刊

『アイヌ民族を生きる』 野村義一　草風館　1996年刊

『野村義一と北海道ウタリ協会』 竹内　渉　草風館　2004年刊

『赤ひげ診療譚』 山本周五郎　新潮社　1964年刊

『愛といのちと』 犬田　卯・住井すゑ　新潮社　1984年刊

『根室市史』 根室市　1968年刊

『新白老町史』 白老町　1975年刊

『一日一粒心のサプリ』海原純子「毎日新聞連載コラム」2010年1月30日より

ほかに新聞資料として，『朝日新聞』『北海タイムス』(現在の北海道新聞)，『室蘭毎日新聞』『北海道新聞』『苫小牧民報』の記事を参考とさせていただいた。

著者略歴

川嶋　康男（かわしま　やすお）
ノンフィクション作家。北海道生まれ。札幌在住。
著書に，『夢は凍てついた』（三一書房），『旬の魚河岸北の海から』（中央公論新社），『永訣の朝』（河出書房新社），『いのちの代償』（ポプラ社），『死なないで！ 1945年真岡郵便局「九人の乙女」』（農文協），『縄文大使カックウとショウタのふしぎな冒険』（くもん出版）ほか。
『大きな手 大きな愛』（農文協）で第56回産経児童出版文化賞 JR賞（準大賞）受賞。

いのちのしずく
“コタンの赤ひげ”高橋房次物語

2010年9月5日　第1刷発行
2011年4月25日　第2刷発行

著者　川嶋　康男

発行所　社団法人　農山漁村文化協会
郵便番号　107-8668　東京都港区赤坂7丁目6-1
電話　03(3585)1141(営業)　03(3585)1145(編集)
FAX　03(3585)3668　振替　00120-3-144478
URL　http://www.ruralnet.or.jp/

ISBN978-4-540-09153-7　製作／森編集室
＜検印廃止＞　印刷／㈱光陽メディア

製本／田中製本印刷㈱
Printed in Japan
定価はカバーに表示
乱丁・落丁本はお取り替えいたします。